KiWi
PAPERBACK
1306



Verlag Kiepenheuer & Witsch GmbH & Co. KG,
Bahnhofsvorplatz 1, 50667 Köln

Kontaktadresse nach EU-Produktsicherheitsverordnung:
*produktsicherheit@kiwi-verlag.de*

**Das Buch**
»Naghi« heißt der Rap-Song, der den iranischen Musiker und Dichter Shahin Najafi im Sommer 2012 auf dramatische Art und Weise weltberühmt gemacht hat. Dennoch wissen wir nicht viel über diesen jungen Künstler, der seit vielen Jahren unermüdlich und voller Leidenschaft gegen Repressionen, Gewalt und Frauenunterdrückung im Iran schreibt und singt. Mit »Wenn Gott schläft« – einer Auswahl seiner wichtigsten Songtexte und Gedichte, erstmals übersetzt ins Deutsche, sowie autobiografischen Texten über seine Jugend im Iran und sein politisches Selbstverständnis – kann man nun mehr erfahren: über Najafis Weg vom frommen Koranrezitator zum Rapper und Regimekritiker, über seine Auseinandersetzung mit der Religion und über sein Leben im deutschen Exil. Ergänzt durch ein informatives Vorwort und Erläuterungen des Grünen-Abgeordneten und Iran-Experten Omid Nouripour, gewährt dieses Buch einen tiefen Einblick in das Innere der heutigen iranischen Gesellschaft. Ein wichtiges Dokument eines mutigen politischen Kampfes für Freiheit und Gerechtigkeit.

»Shahin Najafi ist der wütende Barde der Trauer eines Volkes, das um seine Freiheit kämpft.« (Omid Nouripour)

**Der Autor**
Shahin Najafi, geboren 1980 im Nordiran, ist ein iranischer Sänger/Songwriter, Rapper und Gitarrist. Unter dem Druck der iranischen Regierung, die politischen Botschaften aus seiner Musik zu entfernen, wanderte er 2005 nach Deutschland aus. Hier veröffentlichte er bis jetzt vier Alben und wurde mit seinen wütenden Songs zunehmend zur Stimme der iranischen Jugend. Er lebt und arbeitet in Köln.

**Die Übersetzer**
M. H. Allafi, geboren 1952 im Iran, emigrierte 1978 nach Deutschland. Er studierte Soziologie in Frankfurt am Main und promovierte 1989 zum Doktor der Philosophie. Ein Versuch, in den Iran zurückzukehren, scheiterte. Neben seiner Tätigkeit als Wissenschaftler und Autor ist Allafi als Übersetzer und Herausgeber von Werken moderner iranischer Autoren tätig.
Omid Nouripour, geboren 1975 in Teheran, kam mit seiner Familie 1988 nach Deutschland. Er wuchs in Frankfurt am Main auf und begann dort sein politisches Engagement. Von 2002 bis 2006 war er Mitglied des Bundesvorstands von Bündnis 90/Die Grünen. Seit 2006 ist er Mitglied des Bundestages, seit 2009 als Sprecher für Sicherheitspolitik seiner Fraktion.

*Mit einem Vorwort und Erläuterungen*
*von Omid Nouripour*
*und einem Geleitwort von Günter Wallraff*

Shahin Najafi

# Wenn Gott schläft

## Mein Leben, mein Land, der Iran, meine Songs und Gedichte

*Aus dem Farsi von M. H. Allafi unter Mitarbeit von Omid Nouripour*

Kiepenheuer & Witsch

Aus dem Farsi von M. H. Allafi unter Mitarbeit von Omid Nouripour

Umschlagmotiv: © Shahriyar Ahadi
Gesetzt aus der Scala
Printed in Germany
ISBN 978-3-462-04478-2

# Inhalt

## Solidarität gegen eine Todesdrohung
Geleitwort von Günter Wallraff

Shahin Najafi ist ein junger iranischer Musiker, Dichter und Sänger, den die Moralwächter in seinem Heimatland schon lange auf der Abschussliste hatten. 2005 floh er aus dem Iran, weil er für sein Lied »Ich habe einen Bart« zu drei Jahren Gefängnis und hundert Peitschenhieben verurteilt worden war. Seitdem lebte und arbeitete er einigermaßen unbehelligt in Deutschland – von einem mehr als peinlichen und fast gelungenen Abschiebeversuch der deutschen Ausländerbehörden einmal abgesehen.

Bis Najafi im Mai letzten Jahres wegen der Veröffentlichung seines Liedes »Naghi« zur Zielscheibe wüster Todesdrohungen und Einschüchterungen aus dem Iran wurde. Auf die Frage, wie er mit diesen Todesdrohungen und dem Kopfgeld lebe, das auf ihn ausgesetzt wurde, antwortete Shahin Najafi im Oktober 2012 – fünf Monate nach dem Beginn der Hetzkampagne gegen ihn –, dass nach seiner Überzeugung die menschliche Natur darauf eingerichtet sei, mit den unterschiedlichsten Lebensbedingungen fertigzuwerden. »Ich habe sehr schnell verstanden, dass sich mein Leben geändert hat. Und ich war bereit, mich darin zurechtzufinden.«

Wo andere einknicken, sich wegducken oder gar Abbitte leisten, nimmt Najafi die Herausforderung an. Seine Devise: jetzt erst recht. »Ich bin es mir und den zahlreichen anderen schuldig, die im Iran für Meinungsfreiheit, Frauenrechte und die Freiheit der Kunst Gefängnis und Folter in Kauf nehmen und dafür ihr Leben riskieren.« Aber er spielt nicht den Helden, er macht kein Hehl daraus, dass ihn die Drohungen in Angst versetzt haben. Schließlich hat das Regime laut »Iran Human Rights Documentation Center« im Laufe der letzten Jahrzehnte neben zigtausend Regimegegnern im eigenen Land über 160 Menschen außerhalb des Irans ermorden lassen. Najafi erzählt: »Es ist irgendwie paranoid. Wenn ich abends schlafen gehe, ist es, als würde ein Film ablaufen. Ich drehe mich zur Wand, schließe langsam meine Augen und warte auf jemanden, der mir den Leib aufschlitzt. Irgendwann lache ich über mich und schlafe ein.«

Er hat weiter geschrieben und weiter komponiert, nach dem ersten Schock, er hat Konzerte gegeben, trotz der Einschüchterungsversuche. Er ist ein wacher Geist geblieben und ein aufrechter Künstler, dem nicht an vordergründiger Provokation gelegen ist, dafür umso mehr am Recht auf das freie Wort gegen die bigotte Lüge und am Recht auf Ironie, Witz und Gelächter über die Machtherrlichen.

Seine Konzerte fanden schon im Iran und finden auch heute in Europa und in den USA vor eher kleinem Publikum statt. Dafür verbreiten sich seine Songs und die Videos seiner Auftritte rasend schnell im Internet und werden hunderttausendfach angeklickt, besonders von jungen Iranerinnen und Iranern. Fast eine Million Aufrufe verzeichnet Youtube allein für den Titel »Naghi«. Seine poetische Musikalität und seine künstlerische Radikalität verschafften ihm diese große Anhängerschaft, vor allem in seiner eigenen Generation. Und sein Ansehen ist in der letzten Zeit noch gestiegen, weil er unter dem Druck der Drohungen seine Hoffnung auf ein freies und menschenwürdiges Leben im Iran nicht aufgegeben hat.

Das Regime im Iran ängstigt so viel Interesse und Zustimmung. Umso hartnäckiger behält es seine Linie bei. Es braucht Feindbilder. Seine Absolutheitslehre versteht weder Ironie noch Differenzierung. Gegen Satire stellt es die Androhung von Gewalt. Islamisten, die sich im Besitz der reinen Wahrheit wähnen, verstehen keinen Spaß, sie meinen es todernst im wortwörtlichen Sinn.

Shahin Najafi hat seine persönliche Situation nun in einem Buch aufgearbeitet und zugleich eine hellsichtige Analyse der Zustände im Iran geliefert. Das ist spannend zu lesen und zeigt exemplarisch, wie das Regime gegen seine Kritiker vorgeht, aber auch, wie man künstlerisch Widerstand leisten kann gegen dieses religiös-faschistische System. Gegen ein Regime, dessen Präsident Ahmadinedschad wiederholt die Auslöschung Israels von der politischen Landkarte androhte und das mit der beharrlich vorangetriebenen Entwicklung der Atombombe eine wachsende Gefahr für den Weltfrieden darstellt.

Najafi schreibt über sich und seine künstlerischen Freunde: »Nein, ihr Lieben, wir tanzen. Wir schreien und tanzen. Wir tanzen wild. Unser Kummer ist zornig und rebellisch. Wir sind Suchende.« Manche Formulierung in Najafis Texten erinnert mich in ihrer existenziellen Wucht an Allen Ginsberg.

Dass ich ihn unterstützen konnte, ist nicht mein Verdienst. Es ist – wenn man so will – das Verdienst der islamistischen Moralwächter, die Andersdenkende dahin treiben, wo sie sich halbwegs sicher fühlen können. Und so habe ich, nachdem ich von der Bedrohung Najafis erfahren hatte, ihn bei mir aufgenommen und geholfen, ihm die gebührende öffentliche Aufmerksamkeit zu verschaffen. Die Medien begannen über seinen Fall zu berichten, die Polizei gewährte Schutz, und dank der spontanen Hilfe von Klaus Staeck, dem Präsidenten der Akademie der Künste, konnten wir einen Solidaritätsaufruf realisieren, dem sich über fünfzig namhafte deutsche Kulturschaffende als Erstunterzeichner anschlossen. Denn auch Diktatoren fürchten die öffentliche Meinung, den Pranger, an den die Welt sie stellen kann.

Vor Kurzem wurde im Iran ein Killerspiel ins Netz gestellt, in dem Najafi virtuell hingerichtet werden soll. Ein widerliches »Training«, zu dem die staatsnahe Nachrichtenagentur Fars direkt aufruft. Bei vom Regime organisierten Demonstrationen vor der deutschen Botschaft in Teheran wurde die Auslieferung von Shahin Najafi gefordert, und Fotos von ihm wurden vor laufenden Fernsehkameras verbrannt. Dagegen hilft keine stille Diplomatie, dagegen hilft nur lauter Protest. Deutschland, so wäre dem Regime klarzumachen, schützt das offene Wort, die Lieder und Gedichte von Menschen, die der Hoffnung Ausdruck verleihen, dass die Menschenrechte letztendlich auch das politische Handeln im Iran bestimmen mögen.

Das fordert Shahin Najafi auf seine Weise. Ich unterstütze ihn dabei.

# Vorwort
## von Omid Nouripour

Um ehrlich zu sein: Am Anfang habe ich Shahin Najafis Musik nicht besonders gemocht. Für mich war er schlicht zu rockig für einen Rapper. Ja, er prangerte in seinen Songtexten die sozialen Missstände im Iran an sowie die politischen Repressionen. Taten das aber nicht auch viele andere?

Zwei Ereignisse haben mich jedoch gezwungen, meinen Blick auf Shahin Najafi zu schärfen und ihn anders zu beurteilen. Das erste Ereignis waren die gefälschte Präsidentschaftswahl am 12. Juni 2009 im Iran und die darauf folgenden Massenproteste. Das zweite waren die Todesdrohungen gegen Najafi nach der Veröffentlichung seines Songs »Naghi«.

Um Ersteres zu verstehen, muss man in der iranischen Geschichte einige Jahrzehnte zurückgehen. Im Februar des Jahres 1979 wurde der iranische König und Diktator Mohammad-Reza Schah nach einer blutigen Revolution aus dem Land gejagt. Innerhalb der breiten Allianz der Revolutionäre setzte sich die Geistlichkeit mit ihrem politischen Anführer Ayatollah Ruhollah Khomeini mit Charisma und Geschick, mit hohlen sozialen Versprechungen wie einer kostenlosen Stromversorgung aller Iraner und mit der Ausschaltung der anderen Akteure der Revolution durch. Das iranische Volk entschied sich im Referendum vom 30. März 1979 mit 98,2 % für die Herrschaftsform einer »Islamischen Republik«.

Dieses Wahlergebnis ist von großer Bedeutung, weil es zeigt, dass fast alle Menschen im Iran mit immensen Erwartungen und großem Vertrauen auf die Kräfte der Revolution gesetzt haben. Revolutionen fressen aber nicht nur ihre Kinder, sie enttäuschen auch. In der Hitze des Gefechts werden Erwartungen geschürt, die nicht zu erfüllen sind. Die Ägypter etwa erleben diese Enttäuschung seit den historischen Tagen auf dem Tahrir-Platz Anfang 2011, als sie den Diktator Hosni Mubarak aus dem Amt jagten, nun Tag für Tag.

Die Krise der iranischen Revolution folgte allerdings nicht in der gewohnten Geschwindigkeit, weil das Land bereits anderthalb Jahre nach Ausrufung der Islamischen Republik von Saddam Husseins vom Westen unterstützter irakischer Armee angegriffen wurde. Der Ausnahmezustand eines achtjährigen Krieges, der über eine Million Menschen das Leben kostete, ermöglichte den neuen Machthabern Irans die massive Unterdrückung jeglicher Opposition im Land. Neue Sitten wurden eingeführt, durchgesetzt durch eine Sittenpolizei. Deren sichtbarstes Zeichen war und ist bis heute der Zwang für Frauen, ihr Haar zu bedecken. Frauen sind bis heute die Hauptverlierer der iranischen Revolution von 1979. Die Entladung der Enttäuschung im Land aber wurde weiterhin verschoben.

Nach dem Krieg bildeten sich aus dem System heraus die sogenannten Reformer, die den Erhalt des Systems einer islamischen Republik durch die Vergabe größerer persönlicher und politischer Freiheiten ermöglichen wollten. Die

Reformer kanalisierten die Hoffnung von Millionen Iranern auf bessere Zeiten. So wählten gerade die Jüngeren – 70 % der Iraner sind unter 25 Jahre alt – und die Frauen 1997 den Reformer Mohammad Khatami zum Präsidenten. Dieser startete eine sogenannte »Offensive des Lächelns«, bei der er sich schon durch die Zurschaustellung guter Laune von den üblichen chronischen Griesgramen des Regimes abhob. Seine Versprechungen aber hat er nicht eingehalten. Die konservativen Kräfte der Macht blockierten alle seine Versuche der Liberalisierung des Alltags der Menschen, Khatami suchte letztendlich nicht den offenen Machtkampf und trat 2005 als Gescheiterter ab.

Die innere Emigration, die die meisten Iraner damals angetreten hatten, wurde 2009 durch zwei Personen aufgehoben. Der eine war der Nachfolger Khatamis, Präsident Mahmud Ahmadinedschad, der mit hasserfüllten Reden in der Außenpolitik, einem inkompetenten Kurs in der Wirtschaftspolitik und einer brachialen Rolle rückwärts bei den unter Khatami erreichten kleinen persönlichen Freiheiten die Menschen erzürnte und Iran international isolierte.

Der andere war Mirhossein Mussawi, der in den Wochen vor der Präsidentschaftswahl am 12. Juni 2009 eine große Euphorie entfachte. Mussawis Wahlkampf war erfrischend, nicht nur weil seine Ehefrau Zahra Rahnaward Wahlkampf an seiner Seite machte – seit Ewigkeiten die erste Frau in der ersten Reihe iranischer Politik. Mussawi traf glaubhaft den Ton der Freiheit. Er versprach keine Wunder, sondern Toleranz und Rationalität. Als im Fernsehduell mit Ahmadinedschad der Präsident mit einem Dossier wedelte, in dem angeblich die akademischen Verfehlungen von Zahra Rahnaward standen, verteidigte Mussawi seine

Frau nicht umständlich in der Sache. Seine knappe Antwort war: »Es wird Zeit, dass wir aufhören, über die Bürger unseres Landes Dossiers anzulegen.«

Die Mobilisierung nicht nur jüngerer Aktivisten und vor allem Aktivistinnen für Mussawis moderne und in Grün getauchte Wahlkampagne war immens. Die Auswahl der Farbe Grün war eine Referenz Mussawis an den Islam. Die Menschen störten sich nicht daran, dass Mussawi als Ministerpräsident in den Achtzigerjahren für Tausende Hinrichtungen politischer Gefangener verantwortlich zeichnete. Anfang Juni 2009 war es quasi kaum möglich, in einer iranischen Stadt auf die Straße zu gehen, ohne in eine lachende, feiernde, Parolen singende Menschenmenge der Mussawi-Anhänger zu geraten. Ein weiteres Mal war die dreißigjährige Enttäuschung der Iraner neuer Hoffnung gewichen, deren grüne Farbe überall sichtbar. Erstmals seit der Wahl Khatamis 1997 standen die Menschen wieder landesweit Schlange, um wählen zu können.

Umso schockierender war das sogenannte Wahlergebnis. Der Wahlbetrug, über dessen Vorbereitung es Wochen vorher bereits Gerüchte gegeben hatte, war so offensichtlich wie plump gemacht. Nicht einmal die Zahlen passten zusammen. Die Iraner fühlten sich nicht nur betrogen, sondern auch noch für dumm verkauft. Dieses Mal allerdings gab es keine Ventile mehr für die Frustration der Menschen. Sie musste einfach raus. Am 15. Juni 2009 versammelten sich über zwei Millionen Menschen auf dem Teheraner Azadi-Platz – Azadi ist das iranische Wort für »Freiheit« –, um gegen den Wahlbetrug zu demonstrieren. Die größte iranische Demonstration seit den Tagen der Revolution dreißig Jahre zuvor.

An diesem Tag begann eine neue Repressionswelle, die sogar für die Verhältnisse des Regimes eine neue Qualität darstellte. Shahin Najafi nennt die Zeit nach der Wahl »das Jahr des Blutes«. Und das Blut klebt an den Händen der ideologisch gefestigten Parallel-Armee des Landes, den Revolutionswächtern und den inoffiziellen Milizen des Regimes, den Basidschis.

Jagdszenen auf den Straßen, gezielte Schüsse auf Protestierende, das Ausschütten siedend heißer Säure-Mischungen aus Hubschraubern auf Demonstrationszüge, willkürliche Verhaftungen, Razzien in Intensivstationen von Krankenhäusern, Abfackeln von Studentenwohnheimen, Überwachung und Blockade des Internets, erniedrigende »Geständnisse« unter Drogen gesetzter Jugendlicher im Staatsfernsehen, systematische Vergewaltigungen von Frauen und Männern in Gefängnissen, anonyme Begräbnisse von in Geheimgefängnissen Umgebrachten, Einkassieren einer »Kugel-Pauschale« von den Eltern, die die Leichen ihrer erschossenen Kinder zurückbekommen wollten, um sie zu begraben: Das ganze Land verwandelte sich in den Monaten nach der Wahl in eine physische und psychische Folterkammer, in der es außer den Tätern kaum jemanden gab, der nicht Opfer war oder Opfer zu beklagen hatte.

Irgendwann hörten die Menschen auf, sich auf der Straße sinnlos verprügeln zu lassen. Die vielen kreativen Formen des Protestes froren ein, die Iraner kehrten wieder in die innere Emigration zurück. Geblieben sind offene Wunden und Namen, die die Erinnerung wachhalten an die Grausamkeiten des Regimes: Neda Agha-Soltan, 27 Jahre alt, Philosophie-Studentin, die zufällig an einer Demonstration vorbeilief und erschossen wurde. Sohrab

Arabi, 19 Jahre alt, auf dem Azadi-Platz in der Menge von seiner Mutter getrennt, die seine Leiche 26 Tage später »zurückkaufen« musste. Majid Tawakoli, damals 23 Jahre alt, der sein Geständnis in Frauenkleidern in die Kameras sprechen musste. Nasrin Sotoudeh, Anwältin und Mutter zweier Kinder, deren Vergehen ist, gegen die selbst im Iran illegale, doch oft angewandte Praxis der Hinrichtung von Minderjährigen zu kämpfen. Sie ist zu elf Jahren Haft und zwanzig Jahren Berufsverbot verurteilt worden. Und viele, viele mehr, deren Namen nicht vergessen werden dürfen.

Shahin Najafi beschreibt all diese Fälle in seinen Songs. Er hat nicht vergessen. Und er hat nicht vergeben. Wie könnte er, wenn bisher kein einziges dieser Verbrechen einer gerechten Strafe zugeführt worden ist? Und doch sind seine Texte nicht von Hass zerfressen. Er schafft Trauer und Distanz zugleich. Eine Trauer, die sich aus den schrecklichen Schicksalen ergibt. Und eine Distanz, die notwendig ist, um die Geschehnisse zu beobachten, ohne dass die eigenen Tränen den Blick darauf trüben. Shahin Najafi aber bleibt bei aller Klarheit voller Leidenschaft. Und er verliert sich nicht in Einzelfällen. Er nutzt diese, um die Gesamtsituation zu beschreiben. Und um gegen tradierte Formen, die die Unterdrückung im Iran verstärken, anzugehen.

Ohne patriarchalische Traditionen wäre es im Iran kaum möglich gewesen, eine Diktatur zu errichten. Seit Jahren sind die iranischen Frauen zu Hause, an den Universitäten, im Berufsleben und auf der Straße die Garanten dafür, dass der Wille der Menschen nach Freiheit und Gerechtigkeit immer wieder ausgesprochen wird. Dass Väter nach der Scheidung grundsätzlich das Sorgerecht für ihre Kinder bekommen, dass die Aussage zweier Zeuginnen vor Gericht so viel Wert ist wie die eines einzelnen Mannes, dass Frauen nicht die Ämter von Richtern und Präsidenten ausüben dürfen, dass es kaum Abhilfe gibt gegen die häusliche Gewalt – das alles lässt die Frauen des Landes zu Recht nicht ruhen.

Shahin Najafi weiß das sehr gut, es gibt kaum ein Lied, in dem er nicht darauf eingeht. Seine Mischung von Respekt und Mitleid trifft ins Herz. Und dass er nicht davor zurückscheut, auch sehr persönliche Geschichten wie die des unglücklichen Schicksals seiner eigenen Mutter zu erzählen, macht ihn mehr als authentisch.

Shahin Najafi dekonstruiert auch mit Akribie die großen Mythen der iranischen Gesellschaft. Deshalb finden sich in seinen Texten immer wieder Anleihen aus den Heldensagen der klassischen iranischen Dichtung. Die Geschichte Rostams, des persischen Über-Siegfrieds, ist eine immer wiederkehrende Referenz in Najafis Texten. Um uns am Ende mit noch größerer Wucht ins Gesicht zu werfen, dass es keine Helden mehr gibt. Und erst recht keine, die es zu verehren gilt.

Doch Najafi geht weiter. Er hinterfragt die religiösen Figuren und Riten. Das ist mitnichten ungewöhnlich. Es gibt in keinem Land des Nahen Ostens eine Jugend, die so entfernt von der Religion lebt wie ausgerechnet in der Islamischen Republik. Was auf den ersten Blick verstörend wirkt, ist auf den zweiten nahezu logisch. Die Iraner werden in allen Facetten ihres Lebens mit der Islam-Interpretation des Regimes konfrontiert. Alle Entbehrungen, Repressionen, Grausamkeiten werden mit dieser dogmatischen Interpretation legitimiert. Wie kann sich die Mehrheit von dieser Lesart der Religion nicht abwenden?

Kennt man die Texte der iranischen Underground-Musik über die Religion, aber auch die Sprüche der Jugend im Internet oder im privaten Umfeld, dann sind die Texte Shahin Najafis nahezu respektvoll. Aber im Iran bedarf es eben manchmal nur einer kritischen Frage über die fehlende Müllentsorgung in den Slums Teherans oder über die fehlende Umweltpolitik gegen die Austrocknung des größten Sees des Landes, um wegen der Beleidigung eines Imams angeklagt zu werden.

»Naghi« heißt das Lied, das Shahin Najafi auf dramatische Art und Weise weltberühmt gemacht hat.

Um das Lied und die Aufregung darum zu verstehen, muss man den Protagonisten des Liedtextes kennen. Ali al-Hadi an-Naghi ist einer der zwölf Imame der Schiiten, die als direkte Nachfolger des Propheten Mohammed gelten. Er lebte beinah ein Leben lang unter Hausarrest, bevor er von den Machthabern im neunten Jahrhundert vergiftet wurde. Trotz all der Repressionen war Imam Naghi für seinen Humor bekannt. Sein in der irakischen Stadt Samara liegender Schrein wurde bei einem terroristischen Anschlag im Jahr 2006 fast komplett zerstört.

Der männliche Vorname »Naghi« hat gerade in den urbanen Zentren des Irans eine starke Konnotation des Provinziellen. Auch deshalb hat eine Facebook-Gruppe jüngerer Kritiker des Regimes ausgerechnet diesen Heiligen ausgewählt, um Satire auf Kosten der Heiligen zu machen. »Die Kampagne zur Erinnerung der Schiiten an Imam Naghi« existiert seit 2011 und hat über 27 000 Fans. Das Motto der Seite ist kein neues: Satire darf alles, auch, sich über Heilige lustig machen. Yashar Khameneh, ein junger iranischer Student in Holland, machte den Fehler, unter seinem Klarnamen auf dieser Seite regelmäßig zu posten. Daraufhin wurde sein Vater im Iran verhaftet und monatelang im berüchtigten Evin-Gefängnis Teherans festgehalten.

Shahin Najafi wird diese Seite vermutlich gekannt haben, als er seinen Song »Naghi« am 8. Mai 2012 veröffentlichte. Auf dem Cover ist eine Moscheekuppel in der Form einer nackten weiblichen Brust zu sehen, auf der eine Regenbogenfahne weht – die Bekennerfarben der Homosexualität. Und doch ist Najafis provokantes Lied im Kern nur ein Gebet, ein verzweifeltes Anflehen des heiligen Naghi. Er möge endlich kommen und die Menschen von den Missständen befreien. Najafis Sicht auf die Religion ist nicht ihre Leugnung, er bestreitet Gott nicht. Nur glaubt er, dass Gott schläft.

Kurz nach Veröffentlichung des Liedes wurden Todesdrohungen gegen Shahin Najafi auf staatsnahen Websites veröffentlicht. Fatwas verschiedener Großayatollahs, in denen der Sänger nicht namentlich genannt ist, wurden mit seinem Namen verknüpft. Es ist in diesem Zusammenhang wichtig zu wissen, dass die Praxis der Fatwas – der religiösen Dogmen der Geistlichkeit – im schiitischen Islam bei einem Todesurteil wie etwa im Falle des britischen Autors Salman Rushdie in der Regel einer namentlich genannten Zielperson und einer Begründung ihrer Verfehlungen bedarf. Bei Najafi aber haben Fanatiker einfach erklärt, bestimmte Fatwas würden sich auf ihn beziehen.

Der Höhepunkt der Propaganda war das Interview eines regimetreuen Musikers, der sich bereit erklärte, Shahin Najafi selbst zu töten, und der von Kontakten zu anderen Iranern in Europa schwadronierte, die Ähnliches vorhätten. Die Perversion dieses Interviews wird erst dann deutlich, wenn man bedenkt, wie häufig Künstler in der Regel weltweit füreinander eintreten, wenn einer von ihnen aufgrund seiner künstlerischen Tätigkeit Zielscheibe von politisch motivierten Drohungen wird. Irans Regime aber züchtet sogar Künstler, die ihre frei denkenden Kollegen umbringen wollen.

Shahin Najafi musste daraufhin abtauchen. Er musste sich verstecken, was für ihn persönlich eine besondere Härte darstellt, denn er ist ein Bühnenmusiker. Sein Leben, das hat er immer wieder betont, ist der Auftritt, nicht die Studio-Arbeit. Es muss für ihn deshalb die Hölle gewesen sein, damals in den Medien mit Salman Rushdie verglichen zu werden. Hatte Letzterer sich nicht Jahrzehnte verbergen müssen?

Doch er lässt sich nicht einschüchtern, er tritt wieder auf, singt seine Songs und schreibt ständig neue. Dieses Buch ist nicht nur ein Zeugnis dieser immensen künstlerischen Arbeit, es ist auch sein Ticket zurück in das wahre Leben, bei allen Gefahren. Vor so viel Mut und Kraft, vor einem, der sich den Drohungen der Repression nicht beugt, verbeuge ich mich. Jede Trauer braucht einen Dichter, der sie formt. Shahin Najafi ist mehr als das. Er ist der wütende Barde der Trauer eines Volkes, das um seine Freiheit kämpft.

# Naghi

Naghi, ich beschwör' dich bei deinem berühmten Humor
Bei der Verbannung, in der man nur noch am Rande steht
Beim großen Glied des Lebens, das bedrohlich hinter
uns steht
Naghi, ich beschwör' dich beim Ausmaß der Sanktionen
Dem steigenden Dollarkurs und dem Gefühl der
Demütigung
Bei dem Imam aus Pappe
Bei dem Kind, das schon im Mutterleib nach dem
heiligen Ali schreit
Beim Religionsunterricht während der Nasen-OP
Beim Imam, bei allen Gebetsketten und Gebetsteppichen
made in China
Beim Finger von Sheys Rezaei
Beim religiösen Fußball und der Religion im Aus

Oh Naghi, nun da Mahdi schläft, rufen wir dich
Oh Naghi, mögest du wiederauferstehen
Oh Naghi, wir stehen bereit für dich, in Leichentüchern

Naghi, ich beschwör' dich bei der Liebe und Viagra
Bei den weit gespreizten Beinen der Ergebenen
Bei Fladenbrot, Hühnchen, Fleisch und Fisch
Bei den Brüsten aus Silikon und geflickten Jungfernhäutchen
Naghi, bei Golshiftehs Titten
Bei der verlorenen Ehre, die wir eigentlich nie hatten

Naghi, beim Volke der Arier mit der Erkennungsmarke
um den Hals
Naghi, bei Farnuds Pimmelchen
Bei dreitausend Milliarden unter dem blauen Himmelszelt
Der Urumiyeh-See oder der Persische Golf waren auch
nur ein Märchen
Sag, wie hieß noch der Anführer der Grünen Bewegung?

Oh Naghi, nun da Mahdi schläft, rufen wir dich
Oh Naghi, mögest du wiederauferstehen
Oh Naghi, wir stehen bereit für dich, in Leichentüchern

Beim herzfurzenden Ableben des Imams
Bei den Fossilien der Politiker in der Fremde
Bei den Witwen mit Klasse in den Diskotheken
Bei den intellektuellen Diskursen im Chatroom
Bei der Ehre der Tunten auf dem Strich
Bei den Frauen, die für Männerrechte kämpfen
Bei der bunten Revolution im Fernsehen
Bei den drei Prozent, die noch Bücher lesen
Bei den verwässerten, leeren Parolen
Naghi, bei der launischen Menge,
Die morgens »Es lebe« und am Abend »Nieder mit«
skandiert
Bei den Helden von Lügengeschichten

Oh Naghi, nun da Mahdi schläft, rufen wir dich
Oh Naghi, mögest du wiederauferstehen
Oh Naghi, wir stehen bereit für dich, in Leichentüchern

*Single, 2012*

## *Naghi*

*Erläuterung**

* Diese und alle weiteren Erläuterungen stammen von Omid Nouripour

*Wenn Gott schläft, wer hilft dann? In Zeiten, in denen die nationalen Interessen Irans von den Herrschenden verkauft werden, in denen Urumiyeh, der größte See des Landes, rapide austrocknet, in denen auf Umweltaktivisten der Kerker wartet, wer hilft dann eigentlich noch?*

*In einer solch trostlosen Gesellschaft hilft eigentlich nur noch Humor. Einer der zwölf Imame der Schiiten, Imam Naghi, war für seinen Humor sehr bekannt. Und der Alltag der Iraner ist reich an komischen Absurditäten, bei denen es eigentlich immer darum geht, dass die öffentlich gepredigte Moral des Regimes in der Realität schlicht nicht mehr zu halten ist:*

*Wenn der Moderator des staatlichen Fernsehsenders seine tiefe Anteilnahme wegen des Todes des Revolutionsführers Khomeini zum Ausdruck bringen will und dabei anstatt »Dschansooz« (herzbrennend, also herzzerreißend) versehentlich »Dschangooz« (Herzfurz) sagt, wenn Farnud, ein kleiner Junge, auf die Frage der Moderatorin einer Kindersendung im iranischen Fernsehen, was er zu Hause schon selber machen könne, antwortet: »Auf dem Klo mache ich meinen Pipimann selber sauber«, wenn Sheys Rezaei, ein iranischer Fußballspieler, während eines Spiels einem Mitspieler vor laufenden Kameras von hinten an die Hoden greift, wenn Golshifteh Farahani, eine junge iranische Schauspielerin, ursprünglich so etwas wie die Vorzeigeschauspielerin der Zensurbehörde, nach ihrem Durchbruch in Hollywood in einem Video-Clip oben ohne zu sehen ist – dann hilft nur der Heilige des Humors. Dann hilft nur noch Naghi.*

# Mein Leben

Es war der 8. Mai 2012, als ich den Song »Naghi« veröffentlicht habe. Ich war gerade in Paris, zu Besuch bei einem Freund.

Einen Tag zuvor hatte ich mit Reza, meinem Grafiker, über den Coverentwurf gesprochen. Ich schlug vor, er solle sich die Kuppel einer Moschee als einen Busen vorstellen. Kurze Zeit später mailte er mir das Cover zu. Es war eine Frauenbrust mit spitzer Brustwarze, in der eine schwarze Fahne steckte. Die Kuppel war hautfarben und links stark gewölbt, nach rechts fiel sie etwas flacher ab, wie ein Busen. Um die Kuppel flatterten lauter schwarze Raben. Ich fand es schlicht und überzeugend. Ich schlug Reza nur vor, anstelle der schwarzen Fahne eine Regenbogenfahne aufzuziehen, und erklärte ihm, dass die Regenbogenfahne das Zeichen der Homosexuellen ist. Ein paar Stunden später stand mir das Cover zur Verfügung.

Einige Tage zuvor hatte mir Majid, ein befreundeter Komponist, den Song zugeschickt. Es gab nicht viel zu korrigieren. Ich bat ihn lediglich, meine Stimme ein wenig höher zu stellen. Zwei Wochen vor der Veröffentlichung hatten wir »Naghi« in seinem Tonstudio aufgenommen. Erst imitierten Majid und ich mit dem Mund verschiedene Instrumente, dann habe ich gesungen.

Nun saß ich also in Paris vor meinem Laptop, rief Youtube auf und stellte Musik und Cover dort ein. Ich war ungewöhnlich nervös. Bevor ich einen Song veröffentliche, bin ich immer nervös, aber diesmal ahnte ich, dass etwas passieren würde. Ich ging in die Küche und sagte meinem Freund, dass »Naghi« veröffentlicht sei und dass in ein paar Stunden wahrscheinlich einiges los sein würde im Netz.

Wir machten uns fertig, um zusammen auf eine Party zu gehen. Die meisten Gesichter dort waren mir unbekannt. Manche waren jung, einige mittleren Alters. Zufriedene Mienen, die keinerlei Zeichen von Leid zeigten. Vieles erinnerte mich an die Partys im Iran, wo reiche Jugendliche aus den Nobelvierteln Teherans sich trafen und tanzten.

Immerhin war die Musik witzig. Als ob man sich erst in Stimmung bringen müsste, um in den Ring zu treten: Songs von Mohsen Namjoo[1], von »Kiosk«, einer iranischen Bluesrock-Band[2], lauter Musik, die nicht zum Tanzen taugte.

Es war Mitternacht, als Shahryar Ahadi anrief. Shahryar ist nicht mehr nur mein Freund, sondern er managt auch alle meine musikalischen Aktivitäten. Er sagte, wir müssten den Facebook-Link entfernen. Weil Rezas Name auf der Seite stehe und er schon bedroht worden sei und Angst habe. An Shahryars Stimme merkte ich, dass er sauer war, weil wir die Sache mit dem Cover nicht mit ihm abgesprochen hatten. Ich wusste, dass er dagegen gewesen wäre.

1 Mohsen Namjoo, geboren 1976, ist ein iranischer Sänger und Songwriter, Autor, Musiker und Setarspieler. Im Juli 2009 wurde er zu fünf Jahren Haft wegen Verunglimpfung des Korans verurteilt.

2 Die Musiker der Band leben seit 2006 in den USA. »Kiosk« spielt eine Mischung aus Blues, moderner Rockmusik und traditioneller iranischer Musik. Die Texte stammen von dem Sänger der Band, Arash Sobhani, handeln vom Alltag im Iran und haben teilweise sozialkritischen Charakter.

Die Zeit verging wie im Flug. Ich war betrunken, behielt aber trotzdem wie immer einen klaren Kopf. Um sechs Uhr früh musste ich nach Köln zurück. Im Zug saßen mir drei Franzosen gegenüber, die wie Geschäftsleute aussahen. Ich war todmüde, aber wegen ihres Gesprächs, das sich wie Bienengesumm anhörte, konnte ich nicht einschlafen.

Als ich zu Hause ankam, checkte ich zuallererst das Internet. Auf Youtube hatten mich schon viele in ihren Kommentaren zum Song beleidigt und beschimpft, aber es war noch nichts Außergewöhnliches geschehen. Ich schlief ein paar Stunden, und als ich wieder aufstand, war das Internet voll von mir und »Naghi«. Der Song war innerhalb weniger Stunden zum Diskussionsthema in den sozialen Netzwerken geworden.

Dann las ich die Nachricht von der Fatwa des Ayatollah Safi Golpayegani: »Falls es eine Beleidigung und jegliche Impertinenz gegen den Imam gegeben haben sollte, dann ist es Blasphemie, und Gott weiß, was zu tun ist.« Mein Name wurde zwar nicht erwähnt, aber die Nachrichtenagentur *Fars* verbreitete in kürzester Zeit, dass dieses Urteil gegen mich gerichtet sei, und auf einer schiitischen Internetseite wurde ein Kopfgeld von 100 000 Dollar für meine Ermordung ausgesetzt.

Die ersten Tage waren wir völlig allein und hilflos. Wussten nicht, was wir tun sollten. Als Shahryar dann die Nachricht erhielt, dass Günter Wallraff uns helfen würde, unterzutauchen, aber uns auch in allen anderen Belangen unterstützen wolle, füllten sich seine Augen vor lauter Freude mit Tränen. Das war unsere Rettung. Und ich selbst war und bin Günter Wallraff so dankbar, dass ich nicht weiß, wie ich mich jemals revanchieren kann.

Heute ist der 25. Mai 2012, der neunzehnte Tag, an dem ich mich in einem Zimmer in Köln verstecke. Ich muss nicht mehr so viele Interviews geben und habe mehr Zeit. In den ersten Tagen habe ich mitunter drei bis vier Fernseh-, Zeitungs- oder Rundfunkinterviews am Tag gegeben. Jetzt sehe ich nur noch Shahryar und Günter Wallraff.

Ich verbringe meine Tage mit Büchern, meiner Gitarre und dem Computer. Ich versuche mit dem Rauchen aufzuhören. Ich jogge täglich eine Stunde. Ich stemme Gewichte. Ich google, um herauszufinden, was es für Neuigkeiten in Sachen »Naghi« gibt. Heute ist im Iran der Todestag des Imam Naghi. Noch nie hat das Regime den Todestag des Imam dermaßen in den Vordergrund gestellt. Alle Kanäle sind überschwemmt von Beiträgen über ihn. Ich sehe eine Kindersendung, die von Naghi und seiner aktuellen Bedeutung für die Schiiten erzählt, und spüre einen Kloß im Hals: Kinder im Alter von fünf, sechs Jahren müssen sich, anstatt zu spielen und Spaß zu haben, mit solchem religiösen Unfug beschäftigen. Wir sind auch alle mit diesem Unsinn aufgewachsen. Und in ein paar Jahren werden diese Kinder – wie wir damals – neurotische Jugendliche sein.

Zwei Polizisten sind inzwischen bei mir gewesen, denn die Kölner Polizei hat zivilen Personenschutz für mich angeordnet. Ich war ein wenig nervös und aufgeregt. Sie sagten, wenn wir etwas Verdächtiges bemerken, sollten wir es sofort melden. Dann fragte mich einer der Polizisten, ob ich alles wieder so machen würde, wenn ich noch mal von vorne anfangen könnte. Ja, habe ich geantwortet. Und habe ihm erklärt, dass das iranische Regime die Regimekritiker im Ausland einschüchtern und mundtot machen will und darauf vertraut, dass die Polizei im Westen nicht dauerhaft in der Lage sein wird, Leute wie mich zu schützen.

Ich bin jede Nacht fast bis zum Morgen wach. Wenn ich schlafe, schlafe ich wie ein Guerillero, mit höchster Aufmerksamkeit. Heißt das, dass ich Angst habe? Nein, aber beunruhigt bin ich. Beunruhigung war schon im Iran mein Begleiter.

Gestern fand das 5+1-Treffen mit dem Iran in Bagdad statt.[3] Manche glauben, dass das Regime versucht, mithilfe meines »Falls« die Öffentlichkeit im Westen abzulenken. Irgendwie ist es auch so: Schon mehr als zehn Tage ist das Ausland mit mir und »Naghi« beschäftigt und weniger mit der Atompolitik des Irans oder mit den politischen Gefangenen und ihren Haftbedingungen im Iran.

Frühjahr 2005. Ich bin noch keine drei Monate in Deutschland, wohne in einem Asylbewerberheim in Düren und teile mir mit Hassan, Abbas und Mustafa ein Zimmer. Eine bunt zusammengewürfelte Gruppe, deren einzige Gemeinsamkeit ist, dass wir alle vier Asyl suchen. Obwohl: Wir haben noch eine andere Gemeinsamkeit. Wir alle stammen aus der unteren Schicht der Gesellschaft, wenn auch aus unterschiedlichen Milieus. Hassan ist ein Arbeiterkind aus einem ärmeren Viertel Teherans, sein Traum ist es, nach Japan zu gehen. Mustafa ist Kriegsflüchtling aus Afghanistan, zwanzig Jahre alt, ohne Heim und Herd, seine Familie verstreut in verschiedene Länder. Abbas ge-

3 Bei der 5+1-Gruppe handelt es sich um die fünf UN-Vetomächte sowie Deutschland, die seit Oktober 2009 mit dem Iran über Bedingungen für sein Atomprogramm verhandeln.

hört zum »Gesindel« von Shiraz[4], ist Wodkatrinker, Liebhaber von Motorrädern, Alkohol und Frauen. Und ich? Ich bin Dichter: zerstreut, dickköpfig und schwächlich, mit langen Haaren und einem zerlöcherten Tigerstreifen-T-Shirt, einem Andenken an den Iran. Wenn ich es anziehe, sehe ich aus wie eine Tarzan-Parodie. Meine Freunde werden es mir später nur mit Mühe wegnehmen können …

Die Atmosphäre im Asylbewerberheim ist mir vertraut. Sie erinnert mich an die Atmosphäre in der Kaserne während meines Militärdienstes im Iran. An das Leben unter Menschen, die keiner beachtet.

Im Asylbewerberheim stößt ein weiterer Mann zu uns hinzu. Er sagt, er verstehe etwas von Lyrik, aber in Wahrheit hat er nicht viel Ahnung. Er hört eher zu. Aber in dieser Einsamkeit ist ein Ohr immerhin etwas. Ich genieße es, mit jemandem zusammenzusitzen, zu diskutieren und ab und zu ein Gedicht zu rezitieren. Und es ist nicht anders als im Iran: Immer wieder diskutieren wir über Gott und die Religion, über die Geschichte und, und, und. Obwohl wir feststellen müssen, dass im Westen ungeachtet all dieser Fragen das Leben einfach so seinen Lauf nimmt. Wir hingegen stehen immer noch ganz am Anfang, diskutieren allen Ernstes, ob es Gott gibt oder nicht. Ich fühle mich betrogen. »Die haben uns in ganz großem Stil übers Ohr gehauen«, empöre ich mich.

Abbas mischt sich plötzlich ein und schreit: »In diesem Raum ist die Diskussion über Gott untersagt!« Wir versuchen, ihn zu beruhigen: »Lass uns doch, du diskutierst sowieso nicht mit.« Aber Abbas besteht darauf: »In diesem

4 Shiraz ist die Hauptstadt der Provinz Fars und gehört zu den fünf größten Städten Irans.

Zimmer sind die Diskussion über Gott, das Infragestellen seiner Existenz und Blasphemie verboten.« Wir beschließen, das Zimmer zu wechseln. Doch Abbas läuft hinter uns her und fängt an, uns zu beschimpfen. Wir gehen beinahe aufeinander los.

Als die Leute im Heim, die aus Teheran stammen, von unserem Streit erfahren, lädt einer von ihnen Abbas und mich zu sich ein, damit wir uns versöhnen können. Wir setzen uns also zusammen, und sie bringen Abbas dazu, sich bei mir zu entschuldigen. Wir schütteln einander die Hände und umarmen uns. Plötzlich sagt Abbas: »Kaku, Bruder, das werde ich dir noch heimzahlen!« Unwillkürlich holt meine Hand aus und landet auf seiner rechten Wange. Abbas erschrickt so sehr, dass er mich sekundenlang nur anstarrt. Dann schmeißt er mit einer Bewegung, die genauso plötzlich kommt wie meine Ohrfeige, ein Glas nach mir. Es wird das letzte Mal sein, dass ich wegen meiner Worte eins auf den Kopf bekomme.

Von den Glassplittern habe ich eine Platzwunde am Kopf. Abbas bringt mich zum Arzt. Tags darauf bekomme ich Fieber. Abbas besucht mich, ich merke, dass er ein gutes Herz hat, wir werden Freunde. Und unsere Freundschaft hält an, bis er in den Iran zurückkehrt. Von dort ruft er mich irgendwann an und fragt: »Warum bist du immer noch dort, Kaku? Ich sitze gerade auf dem Motorrad, mit einer Süßen hinter mir. Hast du nichts Besseres zu tun als diese Schriftstellerei? Komm rüber und lass es dir gut gehen!«

Ich erzähle diese Geschichte, um einen Zugang zu meiner Vergangenheit zu finden. Übrigens: Ich heiße Shahin Najafi, ich hätte mich von vornherein vorstellen sollen.

Ich mag meinen Namen. Denn ich mag Shahin, den Königsfalken. Seitdem ich denken kann, habe ich versucht, wie ein Shahin zu werden. Das war mein Wunsch: in unerreichbare Fernen zu fliegen und mein Nest auf dem höchsten Gipfel zu bauen. Ich wollte nicht wie ein Huhn mit gesenktem Kopf Körner picken.

Geboren bin ich 1980 in Rasht[5], aufgewachsen in der Hafenstadt Bandar Anzali am Kaspischen Meer. Bei meiner Geburt war meine Mutter vierzig Jahre alt und mein Vater sechzig. Unsere ganze Familie (ich habe fünf Schwestern und zwei Brüder) schämte sich, dass meine Mutter noch einmal schwanger geworden war. Sie stammt aus einer alteingesessenen Familie in Bandar Anzali, mit dreizehn Jahren wurde sie mit meinem Vater zwangsverheiratet, der bereits drei Kinder aus einer vorherigen Ehe hatte. Sie war Analphabetin, schüchtern, still, bescheiden und höflich – der Inbegriff einer Person, die bereit ist, sich unterdrücken zu lassen. Nie redete sie schlecht über meinen Vater – nur zweimal habe ich sie so verärgert erlebt, dass sie über ihn schimpfte.

Mein Vater war ein pensionierter Polizist, der Uniform trug und Disziplin liebte. Er war groß, hatte grüne Augen und eine spitze Nase. Er war wie ein Adler. Ein Adler, den ich nicht geliebt habe. Immerhin setzte mein Vater alles daran, dass seine Kinder zur Schule gehen konnten. Als ich sechs Jahre alt war, starb er. Außer an seinen Tod kann ich mich eigentlich nur an eine Szene mit ihm erinnern: Er lag schon schwerkrank in seinem Bett und rief mich zu sich. Er sagte: »Komm und hilf mir, meine Zigaretten sind hinter das Bett gefallen.« Als ich näher kam, griff er nach

5 Rasht ist die Hauptstadt der nordiranischen Provinz Gilan.

meinem Hals und würgte mich, als wolle er mich mit sich in die Welt der Toten nehmen. Meine Mutter und meine Schwester kamen gerade noch rechtzeitig, um mich aus seinem Griff zu befreien.

Meine Kindheit war eintönig und traurig. Die Frauen saßen in ihre Schleier gehüllt vor den Häusern. Wir Kinder spielten in den schlammigen Gassen und prügelten uns herum. Bei Einbruch der Dunkelheit hatten wir alle Angst vor den Afghanen, die in unserer Stadt als meist bärtige Arbeiter lebten. Denn man hatte uns eingeredet, sie seien Kindesentführer. Es gab einen mit Namen Nemat, der weder sprach noch lachte noch weinte. Meine Mutter behauptete, Polizisten hätten Nemat früher einmal mit dem Knüppel auf den Kopf gehauen, deshalb sei er verrückt geworden. Lange Zeit hatte ich daher Angst, dass man verrückt wird, wenn man eins mit dem Gummiknüppel übergezogen bekommt. Später habe ich festgestellt, dass es auch möglich ist, erst verrückt zu werden und dann den Gummiknüppel zu spüren zu bekommen.

Ich war zehn Jahre alt, als ich begann, Autoritäten zu verabscheuen. Ich hatte die Hausaufgaben der vergangenen Woche nicht gemacht. Als mein Lehrer, ein schlanker, langer und knochiger Mann, neben mir stand, schlug ich das Buch auf und tat so, als suchte ich die Aufgaben. Er sagte: »Steh auf!« Ich stand auf. Mein Kopf reichte ihm bis zum Nabel. Mein Herz pochte heftig. Er sagte nichts. Er verpasste mir nur eine saftige Ohrfeige. Einen Moment lang sah ich meine Mutter mit ihrem traurigen Schleier vor mir, unser Haus, davor die Pfützen, in denen sich immer wieder das Regenwasser sammelte. Aber ich habe nicht geweint. Ich habe ihn nur angeschaut. Seine Augen waren traurig und rot.

Unsere Stadt ist die regenreichste Stadt Irans. Es war dermaßen feucht, dass sogar die Menschen Rost ansetzten. Wenn es nicht regnete, klagte der Wind wie die Witwen und riss den Himmel auf. Aber das kam nicht häufig vor. Selbst in den Unterrichtspausen mussten wir oft in den feuchten Klassenräumen auf den harten Schulbänken sitzen bleiben, weil es draußen regnete. Und ich erinnere mich an das kaputte Dach unseres Hauses. Einer meiner Brüder stieg immer wieder hinauf, um es zu reparieren, unten waren Schüsseln aufgestellt, und der Himmel pinkelte auf unsere Köpfe. Ein abscheuliches Leben, in dem außer Erniedrigung, Armut, Tränen und Geschrei nicht viel zu finden war.

Was dieses Leben mit Gedichten und Musik zu tun hat? Viel Poesie konnte man darin jedenfalls nicht entdecken. Man sagt, mein Vater habe manchmal Gedichte geschrieben, eine schöne Handschrift gehabt und auch das ein oder andere Mal in der Moschee des Viertels gesungen. Aber er hat wohl auch gerne gefeiert und war dem Alkohol nicht abgeneigt. Mit fünfzehn bekam ich eine Kassette in die Hand, auf der seine Stimme zu hören war. Er sang in Gilaki[6] eine Lobeshymne auf den Schah und Verse gegen Ayatollah Khomeini. Daher fand ich damals die Menschen in meinem Umfeld dumm, die behaupteten, ich hätte eine Ähnlichkeit mit meinem Vater. Schließlich war er Trinker und Schah-Anhänger – und ich war inzwischen fromm und liebte den Ayatollah.

Mit 13, 14 Jahren hatte ich nämlich begonnen, regelmä-

6 Gilaki ist die Sprache der Provinz Gilan.

ßig die Moschee unseres Viertels zu besuchen. Ich studierte den Koran, lernte ihn zu rezitieren und trat später mit Koranrezitationen auch öffentlich auf. Ich wurde so dermaßen fromm, dass es für meine Familie, die nicht fromm war, schwer zu ertragen war. Gott, der Allmächtige, wurde mir vertrauter als meine Halsschlagader. Ich hatte das Gefühl, er sieht all meine Taten und hört die Stimme in meinem Herzen. Mein Tagebuch war voller kindlicher »Bitten um Vergebung« für meine Handlungen, die von religiösen Gesetzen und Vorschriften abwichen, und inbrünstig tat ich immer wieder Buße.

Doch mich begann in dieser Zeit noch etwas anderes zu begeistern. Eines Tages, als in der Moschee der Teppich aufgerollt wurde, weil er gewaschen werden sollte, kamen lauter Zeitungsseiten zum Vorschein, die unter dem Teppich ausgelegt waren. Auf einer von ihnen stand die berühmte Grabinschrift von Sohrab Sepehri[7]: »Wenn ihr nach mir sucht, sollt ihr das sanft und behutsam tun, nicht dass das Porzellan meiner Einsamkeit Risse bekommt.« Diese Sprache begeisterte mich. Für mich waren diese Worte nicht weniger eingängig als der Koran. Und so machte ich mich in der Bibliothek auf die Suche nach Büchern von Sepehri. Sechs Monate lang war ich mit ihm und seinen Werken beschäftigt – und danach war auch ich Dichter. Zumindest wollte ich das sein – so wie ungefähr jeder zweite Junge in meinem Alter im Iran …

Also begann ich Gedichte zu schreiben, trug sie meiner Familie vor und erntete jede Menge Lob. Ich las wei-

7 Sohrab Sepehri (1928–1980) war ein iranischer Dichter und Maler, der die literarische Strömung des »Neuen Gedichts« in der iranischen Moderne repräsentierte. Seine Bilder wurden weltweit ausgestellt.

ter, andere Autoren, vor allem Forough Farrokhzād[8] und Mehdi Akhawan-Sales[9], also Vertreter der literarischen Moderne im Iran, schrieb selbst immer mehr und fand dank meiner Schwester auch Zugang zum »Dichterzirkel« von Anzali. Dort lernte ich die persischen Klassiker kennen, las einfach alles, was ich in die Finger bekam – und war zunehmend verwirrt durch dieses Konglomerat aus philosophischen, literarischen und religiösen Texten, aber auch durch die Bekanntschaft mit Jugendlichen und Schriftstellern, die nicht religiös waren. Doch ich blieb meiner Überzeugung treu: Gott war weiterhin mein wichtigstes Thema und Anliegen. Bis zum Alter von neunzehn Jahren rührte ich weder Alkohol noch einen Frauenkörper an.

Eine Zeit lang versuchte ich, wie ein normaler Jugendlicher zu leben. Aber es klappte nicht, und ich war dermaßen enttäuscht und verzweifelt, dass ich beinahe jedes Selbstvertrauen verloren hätte. Kein Mädchen interessierte sich für mich. Selbst die Mädchen in den hochgeschlossenen Kleidern, die nach billigem Parfum aus Maschhad[10] rochen, schenkten mir keinerlei Beachtung. War ich wirklich so hässlich? Hatte ich so wenig männliche Ausstrahlung? Ich fing an, Sport zu treiben. Zuerst ging ich in einen Bodybuilding-Klub. Aber je mehr ich an den Gewichten trainierte, umso dünner und schwächlicher wurde

8 Forough Farrokhzād (geboren 1934 in Teheran; gestorben 1967) war eine iranische Dichterin und Filmregisseurin. Sie zählte zu den bedeutendsten Repräsentantinnen der iranischen Moderne.

9 Mehdi Akhawan-Sales (1928–1990 in Teheran) war einer der Pioniere der Dichtung in Freien Versen in der persischen Sprache.

10 Maschhad ist die zweitgrößte Stadt im Iran und gilt als eine der sieben heiligen Stätten des schiitischen Islams. Bekannt ist die Stadt auch für die Produktion von Rosenwasser aus den Rosen, die in der Umgebung angebaut werden.

ich. Also ging ich stattdessen schwimmen, spielte Basketball und Fußball – schließlich landete ich bei Karate. Die besten Karatekämpfer Irans stammen aus Anzali. Aber ich schaffte es nur auf den dritten Platz bei den Meisterschaften in meiner Provinz. Ein Durchschnittsjunge im wahrsten Sinn des Wortes.

Meine Familie, insbesondere meine Mutter, bestärkte mich darin, mich weiterhin mit dem Koran zu befassen. Dieser Weg schien ihnen für mich der richtige zu sein, auch wenn sie selbst überhaupt nicht fromm waren. Und es ist wahr: Ich hätte schlicht und einfach, einfacher als man denkt, ein unbeugsamer Frömmler bleiben können. Da ich mir theologisches Wissen schnell aneignen konnte, rhetorisch begabt und sehr gut bei der Rezitation des Korans war, hätte ich einfach Mullah werden und von den Privilegien eines Geistlichen im Iran profitieren können.

Ich bin natürlich heilfroh, dass ich kein Mullah geworden bin. Das verdanke ich nicht zuletzt meinem Geruchssinn. Als ich siebzehn Jahre alt war, nahm ich an einer Zusammenkunft teil, auf der zuerst der Koran rezitiert wurde und dann ein bekannter Mullah, der aus Teheran angereist war, eine Ansprache hielt. Der Verantwortliche für die Moschee hatte unter uns Jungs die besten Koranrezitatoren ausgewählt, um zu zeigen, was für einen wichtigen Dienst seine Moschee dem Islam leiste und was für Talente in unserer Stadt gefördert würden. Einer dieser Jugendlichen war ich.

Als mein Vortrag zu Ende war, merkte ich, dass ich die Leute beeindruckt hatte, setzte mich aber schüchtern wieder zu den anderen. Der berühmte Mullah hielt seine Rede, in der er betonte, dass wir das Kapital des Islams seien, dass sich überall die Verderbtheit ausbreite und wir daher auf der Hut sein müssten. Am Ende der Rede rief er mich zu sich. Ich ging zu ihm, schüttelte ihm die Hand, und er forderte mich auf, neben ihm Platz zu nehmen. Er hob wieder an, diesmal, um mich zu loben, und nannte meine Stimme himmlisch und göttlich. Aber weil ich einen stark ausgeprägten Geruchssinn habe, vermischte sich die schöne Rede des Mullahs für mich so sehr mit dem von seinem Gewand ausgehenden Uringestank, dass ich es kaum ertragen konnte. Ich hoffte nur, dass er so schnell wie möglich zum Schluss kommen würde, damit ich mich von ihm entfernen könnte. Damals als Teenager hatte ich immer wieder fantasiert, mit einem Mädchen in der Badewanne zu schlafen. Nun in der Moschee fragte ich mich, wie die Frau des Mullahs es wohl aushalten würde, mit ihm zu schlafen. Mir kam der Gedanke, dass sie ihn wahrscheinlich nur in der Badewanne an sich ranließ.

So brachen in einem einzigen Moment alle Herrlichkeit, aller Ruhm und die Macht der Geistlichen vor mir zusammen. Von dem Moment an war ich mir ganz sicher, dass ich kein Mullah werden wollte.

Sex und Frauen waren unter den Leuten, die wie ich regelmäßig in die Moschee gingen, natürlich tabu. Wir lebten wie Mönche. Viele von uns stammten aus frommen Familien, ich gehörte zu den wenigen, deren Familien sich nur im Falle von ernsthaften Schwierigkeiten an die Religion wandten, und hatte mich der Welt des Glaubens letztlich wegen der Koranrezitation zugewandt, wegen meiner Freude am Singen. Trotzdem verstand ich erst später, warum wir eine so schlechte Meinung von denjenigen hatten, die unbeschwerter mit ihrer Sexualität umgingen, ja sogar voller Freude darüber sprachen. Denn die Mehrheit der jungen Männer führte ein normales Leben und genoss es, so gut es eben ging. Und wir hassten sie, weil sie nicht wie wir die Last der religiösen Vorschriften auf ihren Schultern trugen. Manches Mal, wenn sie in die Moschee kamen, gestanden sie zwar weinend ihre Sünden und gaben vor, Buße tun zu wollen. Ich tröstete sie und machte ihnen Hoffnung, dass Gott ihnen vergeben würde. Unmittelbar danach aber lebten sie weiter wie zuvor und hatten jede Menge Spaß mit Frauen.

Ich war innerlich zerrissen. Einerseits war ich froh, so rein und unschuldig zu sein und zu wissen, dass sie mir gegenüber das Gefühl hatten, niederträchtige Sünder zu sein. Andererseits beneidete ich sie um den Spaß, den sie hatten, wünschte mir heimlich ein Leben wie ihres und hatte das Gefühl, schwach und ohne Selbstvertrauen zu sein. Aber im Kern waren sie für mich tatsächlich Sünder. Ich verhöhnte sie mit dem Argument, dass ich sehr wohl in der Lage wäre, alles, was sie täten, auch zu tun – aber dass ich mich eben entschieden hätte, es nicht zu tun. In Wahrheit wusste ich einfach nur nichts über Frauen, außer meiner Mutter und meinen Schwestern kannte ich keine. Wenn in einem Taxi eine Frau neben mir saß, kauerte ich mich zusammen, um jeglichen Körperkontakt zu vermeiden, so als wäre ich kurz davor, eine große Sünde zu begehen. Und mein Tagebuch war voll von Bitten an Gott, mir mein ständiges Onanieren zu vergeben, und dem Versprechen, Buße zu tun.

Natürlich schwankte immer mal wieder einer aus unserer Gruppe in seinem Glauben, wandte sich von uns ab und kehrte ins normale Leben zurück. Wir redeten uns dann ein: Schön, dass wir geblieben sind, dass wir keine

Sünder geworden sind, aber auch schön für ihn, dass er nun das Leben genießen, eine Freundin haben, ins Kino gehen kann und, und, und. Es war der reine Selbstbetrug.

Im Grunde interessierten mich damals als Jugendlicher nur zwei Dinge: die Religion und die Kunst, insbesondere die Literatur. Am Anfang sah ich keinen Widerspruch zwischen diesen beiden Feldern. Ein frommer Dichter zu werden – warum sollte das nicht möglich sein? Aber durch die Beschäftigung mit immer mehr Dichtern und Philosophen veränderte sich allmählich meine Einstellung gegenüber dem religiösen Leben. Die Literatur nahm mich in den Zangengriff, ich war durcheinander und konnte viele der islamischen Vorschriften nicht mehr nachvollziehen. Mir wurde langsam klar, dass der Glaube die Vernunft nur akzeptiert, solange sie dem Glauben nicht widerspricht.

Eine Art Zerfall setzte in mir ein, ich weiß auch nicht, wie ich das genauer beschreiben soll. Ein Jahr lang zog ich mich in eine Moschee in einem anderen Viertel zurück, wo mich keiner kannte. Ich reduzierte meine Gebete, den Ramadan machte ich nur unvollständig und ich freundete mich mit jungen Leuten an, die nicht fromm waren. Allerdings drehten sich immer noch fast alle Gespräche um Gott. Einer – ein schielender Typ, der Mohammad hieß und eine dicke Brille trug – studierte Politikwissenschaften in Teheran und riet mir, ich solle Dichter werden und die Religion zu meiner Privatsache machen. Noch war ich hin und her gerissen und redete mir trotzig ein, die islamische Welt werde später schon feststellen, was für ein Kapital sie an mir verloren hat.

Mit achtzehn bekam ich dann einen Studienplatz im

Fach Soziologie an der Universität von Rasht. Aber es dauerte nicht lange, bis sie mich mit idiotischen Begründungen hinauswarfen. Streitsüchtigkeit und regelwidriges Verhalten hatten sie mir unterstellt, einfach alles, was man gegen einen gerade aus der Moschee ausgebrochenen, rebellischen jungen Mann vorbringen konnte.

Was nun? Ich wurde erwachsen und hatte keine Ahnung, was ich tun sollte. Die Jobs, die ich annahm, um ein wenig Geld zu verdienen, waren schrecklich. Für körperliche Arbeit schien ich nicht geschaffen. Ständig trug ich mein Gedichtheft mit mir herum und war im Herzen mit allen möglichen Dingen dieser Welt beschäftigt, nur nicht mit der Arbeit.

Den einzigen Ausweg bot der Militärdienst, der für mich sehr wichtig wurde. Denn in Maragegh, bei der 11. Infanteriedivision im Nordwestiran, lernte ich eine andere Welt kennen, eine Welt ganz ohne Gebete und ohne Gedichte. Die große Kälte und die Beleidigungen und Demütigungen beim Militär machten mich dickfelliger. Die Begegnungen mit den anderen Soldaten, die weder etwas mit Literatur und Philosophie noch etwas mit der Religion zu tun hatten, die in ihrem Alltag einfach nur um ihr Überleben kämpften, taten mir gut. Ich begann, reinen Tisch mit mir zu machen. Dank der Kasernenbibliothek konnte ich weiter viel lesen und mein Denken und Verhalten änderten sich immer mehr. Ich begann zu rauchen. Nach meiner ersten Zigarette war ich einen Tag lang high. Nachdem ich zum ersten Mal Alkohol getrunken hatte, lag ich drei Tage im Bett. Niemand konnte glauben, dass einer aus Anzali bis zu seinem achtzehnten Lebensjahr noch nie getrunken hatte. Und was ich nun schrieb, machte mir selbst Angst: »Ist das Gott, der hupt / fahr weiter, ich geh zur Seite /Ist das Imam Hossein, der schreit / hilf uns /ich geh zur Seite, fahr weiter ...«

Ich begriff langsam, dass ich Gott niemals wirklich angebetet hatte. Ich hatte nur vermutet, dass es irgendetwas Größeres als mich geben würde. Daher war ich die ganze Zeit über in einen Handel mit Gott verwickelt gewesen. Wenn ich eine Sünde begangen und dafür Buße getan hatte, so nur deswegen, weil ich ihn trösten wollte. Nicht, weil er Gott war und ich sein Sklave. Ich wollte kein Sklave sein. Ich wollte nicht kapitulieren, aber Kapitulation ist eines der elementaren Prinzipien des islamischen Glaubens.

# Mahdi

Voller Schmerz bin ich, aber es gibt kein Mittel dagegen
Wo ist ein Hauch von Licht in dieser Finsternis?
Ich platze vor Kummer in dieser Einsamkeit
Wo ist die einzige Stütze in meinem Leben?

Von zu Hause bis in die heilige Stadt rannte ich, Mahdi,
um dich zu sehen
Aber ich sah dich nicht
Ich hätte eben kein Glück gehabt, sagte mir der Mullah
des Viertels
Er sagte, vielleicht hast du zu mir gesprochen
Und ich habe dich nicht gehört
Da ich schlecht und voller Sünde bin, Mahdi
Höchst unzufrieden bin ich mit mir, Mahdi
Wo bist du, Mahdi? Ich will dir mit meinen Tränen die
Füße waschen
Meine Liebe ist das freudige Warten auf deine Wiederkehr
Herr, ich sage dir ehrlich, es sind jetzt sechs Monate,
in denen mein Gehalt nicht bezahlt wird
Du weißt, was in dieser Welt vor sich geht
Wirf' mal einen halbwegs liebevollen Blick auf uns
Da ich keine Kraft mehr in den Beinen habe, Herr,
Unglücklich bin ich, Tag und Nacht finde ich keinen
Schlaf
Meine Tochter, deine Dienerin, will heiraten
Einer nimmt ihre Hand, und sie hat ihre Ruhe vor uns

Wir schauen hoffnungsvoll auf dich, oh Herr
Beschäme uns nicht vor unserer Familie
Es ist gar nicht wichtig, dass ich Vater eines Märtyrers bin
Ich habe eh nichts von der Märtyrer-Stiftung bekommen
Mögen diejenigen, die das sagen, die Sünde auf sich nehmen
Aber sie sagen, die Leute dort sind selbst wahre Räuber
Wir verstehen nicht viel von Politik
Höchstens, dass die einen kommen und die anderen gehen
Wir sind die armen Schlucker, die wir waren und noch sind
Lieber Herr, erhöre unsere Gebete

Mahdi, du hast uns zum Stein auf dem Eis gemacht
Wir rufen dich die ganze Zeit, aber du nimmst nicht unsere Hand
Hörst du oder verstehst du diese Gebete nicht?
Wie lange noch sollen wir Gott rufen?

Deine Erlösung gehört denen, die in deinem Namen Hunderte Leute wie mich kaufen und verkaufen
Seit Generationen schon bekommen wir eins übergezogen
In den Nachrichten, im Gefängnis, in der Statistik sind wir schon gestorben
Wenn deine Hände leer sind, bist du auf dem rechten Weg
Wo bist du, Mahdi? Wir sind längst ausgequetscht
Mit hungrigem Magen gibt man keinen Mucks von sich

Wo bist du? Du weißt ja auch nicht, wo wir sind
Der Druck der amerikanischen Sanktionen
Außer für Leute wie mich bist du wie ein Gott
Es ist alles sinnlos außer der staatlichen Beihilfe
Und die ist zielgerichtet und hängt von der Notwendigkeit ab
In einem Kopf wie meinem findet man keinen Platz
Hier sind unsere Köpfe, dort die Herrschaft der Geistlichen
Ich schwöre dir, Herr, ich bin müde vom Leben
Nimm meine Seele, dann hab ich's bequem bei Gott
Mal nannte man uns »Entrechtete«
Versprochen wurden uns Wasser, Strom und ein eigenes Haus
Dann waren Zeiten, da machten wir Krieg
Wir starben unter der hohlen Parole »Kerbela, wir kommen!«
Acht Jahre Beschäftigungstherapie, genannt Wiederaufbau
Die Herren Söhne in Dubai, London, Hawaii
Acht Jahre »Dialog der Kulturen« und wir lächelten
Während an der Universität aus Studenten Märtyrer wurden
Der Golf und das Öl darin, das uns nicht mehr gehört
Wir sind Kinder geworden, elternlose Straßenkinder
Solange die Perserkönige im Grab liegen
So lang soll dein Leben sein, Herr, wann kommst du endlich?
Wir haben Kummer und einen Kloß im Hals, Mahdi
Bist du nicht da oder hast du deine Augen verschlossen, Mahdi?

Mahdi, du hast uns zum Stein auf dem Eis gemacht
Wir rufen dich die ganze Zeit, aber du nimmst
nicht unsere Hand
Hörst du oder verstehst du diese Gebete nicht?
Wie lange noch sollen wir Gott rufen?

*Single, 2010*

## *Mahdi*

*Erläuterung*

*Mahdi ist der 12. und letzte Imam der Schiiten. Er ist der »Verborgene«, der eines Tages, wenn die Ungerechtigkeit auf Erden am größten sein wird, als Messias wiederkehren und die Menschheit erlösen wird. Mahdi anzurufen, wie es Shahin Najafi tut, ist die höchste religiöse Ausdrucksform der Verzweiflung. Dabei karikiert er auch ein wenig die weitverbreitete Volksfrömmigkeit, die den Ungerechtigkeiten des Alltags mit Gebeten begegnet.*

*Eine der größten Ungerechtigkeiten für ihn ist die Zeit des sogenannten »Reformer-Präsidenten« Mohammad Khatami, der den »Dialog der Kulturen« und eine »Offensive des Lächelns« ausrief, während bei heftigen Studentenprotesten viele junge Menschen durch die Staatsgewalt umgebracht wurden.*

Ich weiß nicht mehr, bei wem ich zu Gast war. Jedenfalls stand ich wie gewöhnlich auf, um mein Gebet zu verrichten. Ich fing an zu schluchzen. Ich wollte schreien: Gott, warum kann ich dich nicht anbeten? Warum liebe ich dich nicht? Aber selbst wenn ich dich nicht liebe: Du sollst mich lieben! Wenn es dich gibt, so musst du mich lieben! Ich bestehe aus allem, was den Menschen zum Tier macht, aber ich bin nicht schmutzig. Und ich habe mich niemals verkauft, nicht einmal an mich selbst.

Ich wollte nicht Gottes Feind werden, ich musste ihn lediglich verneinen, um mit mir selbst klarzukommen. Ich sagte: Wenn du existierst – von mir aus existiere. Es dürfte dir nichts ausmachen, wenn einer von den Milliarden, die du angeblich erschaffen hast, sich nicht vor dir beugt. Geh du deiner Wege und ich gehe meiner Wege. Ich wollte ihn also in Ruhe lassen.

Er war es, der mich nicht in Ruhe ließ. Seine Worte verfolgten mich, waren mir zu jeder Zeit an jedem Ort gegenwärtig. Also tötete ich ihn mit der Sprache, ich sperrte ihn in Worte, Begriffe und Mythen ein. So wurde ich mein eigener Prophet. Ein rebellierender Prophet, der seine eigene Mission verneinte. Aus Trotz habe ich mich das Böse genannt. Ich sagte: Wenn du das absolut Gute bist, dann bin ich eben nicht Teil von dir. Dann bin ich eben das absolut Böse. Denn die Wahrheit ist wie der Simurgh[11], den man sowieso nicht einfangen kann. Nur insofern notwendig, als dass man sich bei Bedarf mit ihr reinigt. Genauso nützlich wie ein Stück Toilettenpapier nach dem Stuhlgang, wie eine

11 Der Simurgh ist ein Fabelwesen der persischen Mythologie, das hinter Küh-e Qaf, dem Zielort von Wahrheit und Selbsterkenntnis, leben soll.

blutverschmierte Damenbinde, die, wenn sie das Blut aufgesaugt hat, ihren Zweck verliert. Und wie eine Gitarre, die nur existiert, solange man sie streicht.

Lebe ich für die anderen oder für mich? Das war damals die Schlüsselfrage für mich. Ich entschied mich dafür, für mich selbst zu leben, im buchstäblichen Sinne selbstständig zu werden. In dieser Zeit bin ich zu dem geworden, was mich und mein Leben ausmacht: ein Shahin, wild, frei, widersprüchlich, traurig und witzig zugleich.

Apropos Gitarre: Meine erste Gitarre hat mir meine große Schwester gekauft. Sie fragte mich, ob sie mir ein Mofa oder eine Gitarre schenken solle. Aus reiner Neugierde entschied ich mich für die Gitarre. Wer weiß: Wenn ich mich damals für das Mofa entschieden hätte, wäre mein Leben womöglich ganz anders verlaufen ...

Als ich die Gitarre mit nach Hause brachte, schaute ich sie zuerst nur an. Tausend Toman hatte sie gekostet, das war für mich eine unwirkliche Summe, und ich wusste überhaupt nicht, was ich mit so etwas Wertvollem anfangen sollte. Aber wenn ich mir einmal etwas in den Kopf setze, dann muss ich es auch zu Ende bringen. Also kratzte ich mit Mühe das Geld für Gitarrenunterricht zusammen, kaufte mir Übungsbücher und übte und übte – es dauerte knapp ein Jahr, bis ich Gitarre spielen konnte.

Nach dem Militärdienst verbrachte ich meine gesamte Zeit mit dem Schreiben von Gedichten und mit Musik. Mithilfe einer meiner Schwestern eröffnete ich ein Fachgeschäft für Musikinstrumente, durch das ich nicht schlecht verdiente. Und ich kam auf die Idee, eine Band zu gründen. Wir hatten drei Gitarren, ein Keyboard, allerdings keinen Bass. Wir spielten Coverversionen von

Songs von Esfandiar Monfaredzadeh[12], Iraj Janatie Ataie[13] und Shahyar Ghanbari[14], die für uns die besten Vertreter zeitgenössischer iranischer Musik waren. Große und einzigartige Vorbilder. Aber unsere Band war ziemlich unprofessionell und bis zu einem Auftritt brachten wir es nicht. Ich suchte eigentlich Leute, die mehr von Musik verstanden. Und ich fand sie auch. Mit ihnen gründete ich dann die Band namens »Flamenco«, denn ich hatte inzwischen die Flamencomusik kennengelernt und wollte gerne Flamenco in gilanischer Sprache singen. Ich hatte so viele Ideen! Und auch ausreichend Songtexte geschrieben, mit denen man musikalisch sehr unterschiedlich arbeiten konnte. Was die Rock- und Popmusik betraf, war ich etwas unentschieden. Unter den Untergrund-Bands, also den illegalen Bands, die die nötige offizielle Genehmigung des Kulturministeriums nicht bekamen, war damals besonders »O-Hum«[15] im Gespräch. Aber die Band gefiel mir nicht. Klassische Folkloremusik als Rockmusik zu spielen war nicht nach meinem Geschmack. Für mich war das, als würde man die Rockmusik kastrieren. Das sehe ich eigentlich immer noch so.

Ich wurde also langsam aus der Welt der Lyrik und Lite-

12 Iranischer Komponist und Filmemacher, der seit der islamischen Revolution im Ausland lebt.

13 Iraj Janatie Ataie ist ein iranischer Dichter, Dramatiker und Liedtexter. Er lebt in London.

14 Iranischer Lyriker, Songschreiber und Sänger. Er lebt zur Zeit in Los Angeles.

15 O-Hum wurde 1998 in Teheran gegründet. Im Sommer 1999 nahm O-Hum das erste Album »Nahal-e Heyrat« auf. Nachdem die iranischen Behörden aufgrund des Musikstils die Veröffentlichung des Albums dreimal ablehnten, ging die Band-Webseite online, auf der das Debütalbum zum kostenlosen Download angeboten wurde. O-Hum spielt Rockmusik mit Elementen der iranischen Folklore. Die Texte sind der Lyrik der persischen Dichter Hafes und Rumi entlehnt.

ratur in die Welt der Musik und Songs hineingezogen. Durch meine Freundin lernte ich auch die Theaterszene der Stadt kennen und versuchte mich ein wenig als Schauspieler. Aber bei der Schauspielerei hatte ich immer ein schlechtes Gefühl. Ich fand es irgendwie absurd, dass man Theater spielt, weil ich das Leben selbst als absurdes Theater empfand.

Ich war 21, als ich mich das erste Mal verliebte. Sie stand an einer Bushaltestelle und hatte eine Rose in der Hand. Sie war schlank und feingliedrig, ihre relativ blassen, aber vollen Lippen schimmerten, als seien sie feucht, ihre zwei riesigen verträumten Augen schauten mich an, ihr rotbraunes Haar fiel über ihr Gesicht – und ich fiel in mich zusammen.

Was sollte das? Frauen waren für mich bis dahin Lebewesen, die nur für das Wohlbefinden der Männer erschaffen wurden. Ich war das Zentrum der Welt. Ich war der Mensch und die Frau bloß eine Frau. Liebe? Das war für mich ein idiotischer Begriff, der nur dazu diente, die Tränen fließen zu lassen. Und ich hatte so viele Aphorismen von Nietzsche über die Frauen gelesen, dass niemand mit mir über die Gleichberechtigung zwischen Mann und Frau reden konnte. Im Iran denken viele immer noch so, ich aber habe diese Einstellung inzwischen gründlich begraben.

Das Mädchen an der Bushaltestelle stahl mir jedenfalls damals mein Herz. Als sie in den Minibus stieg, warf sie die Blume auf die Straße – und ich stieg von meinem schwarzen Motorrad, das ich inzwischen besaß, und hob sie auf. Die Liebe hatte mich gepackt, ich konnte mich nicht dagegen wehren. Ich erzählte meinen Freunden davon und sie staunten. Denn sie kannten mich als einen, der großspurig behauptete, er interessiere sich nicht für Mädchen.

Geküsst hatte ich bis dahin tatsächlich erst einmal. Ein Jahr zuvor. Ich war zum ersten Mal mit einem Mädchen im Kino gewesen. Sie hatte ein gutes Herz, aber ich fühlte mich nicht zu ihr hingezogen. Doch sie nutzte die Dunkelheit des Kinosaals, küsste mich gierig – und ich war stolz, aber auch ein bisschen genervt, weil ich dem Film nicht richtig folgen konnte. Einen knappen Monat hatte ich noch Telefonkontakt zu ihr, wir hatten uns nicht viel zu erzählen. Am Ende bat ich sie höflich, mich zu vergessen. Sie weinte. Sie sagte, sie liebe mich. Ich verstand nicht, was sie meinte.

Aber ein Jahr später, im Sommer 2001, stand ich einen Tag, nachdem ich das Mädchen mit den rotbraunen Haaren gesehen hatte, um die gleiche Zeit wieder an der Bushaltestelle und wartete sehnsüchtig auf sie. Sie kam, ich sprach sie an – und von da an verbrachten wir die Jahre, bis ich den Iran verlassen musste, miteinander. Sie eroberte alle Zellen und Winkel meines Körpers. Sie war alles für mich. Ich schrieb jede Menge Gedichte über sie.

Ein paar Tage nach Beginn unserer Freundschaft stellte ich sie meinen Freunden vor. Einer von ihnen wollte sie in Angst versetzen: »Weißt du eigentlich, wer Shahin ist? Weißt du, dass du ihn jeden Moment verlieren kannst? Weißt du, dass du dein Leben und das Leben deiner Familie in Gefahr bringst?« Sie fragte nach: »Was treibt ihr und Shahin denn?« Er antwortete großspurig: »Wir befinden uns im Kampf. Wir sind Dichter, die bereit sind, ihr Leben zu riskieren. Im Augenblick haben wir zwar nur die Feder in der Hand, aber wer weiß, was wir morgen in die Hand nehmen müssen.«

Das war natürlich völliger Blödsinn. Wir hätten keiner

Fliege etwas zuleide tun können. Aber damals haben wir so manche Dinge gesagt, die nicht ernst gemeint waren: Wir träumten von Überfällen auf eine Polizeistation, von Angriffen gegen den Oberbefehlshaber der Ordnungskräfte und den Polizei- und Geheimdienstchef. Das alles war nicht mehr als wichtigtuerisches, großspuriges Gerede.

Dennoch hatte mein Freund recht damit, dass wir in Gefahr waren. Meine Freundin antwortete: »Ich stehe zu Shahin, egal, wie weit er geht.« Das sagte sie sehr stolz und selbstbewusst. Mein Freund war sprachlos. Als ich sie nach Hause begleitete, fragte ich nach: »Meinst du das wirklich so, wie du es gesagt hast?« Sie antwortete: »Ich habe keine Zeit, darüber nachzudenken.«

Ich stellte sie dann bald meiner Familie vor, etwas später besuchten wir ihre Familie. Aber der Gedanke an das Heiraten lag uns trotzdem fern. Denn ein besonderes Gefühl sagte mir, es würde etwas passieren. Auch wenn ich keine Ahnung hatte, was es sein würde.

Drei Jahre später ist dann tatsächlich etwas geschehen. Meine Band und ich traten inzwischen bei kleinen Untergrund-Konzerten und -Partys auf. Im September 2004 veranstalteten wir in Bandar Anzali unsere erste offizielle Konzertreihe. Für unsere Auftritte hatte es zunächst keine Genehmigung von Ershad, dem Ministerium für Kultur und islamische Führung[16], gegeben. Aber mithilfe eines Abgeordneten der Stadt, eines großartigen Menschen, gelang es uns dann doch, unter falschem Namen eine Auf-

16 Das Ershad-Ministerium überwacht und zensiert die Medien, das Internet, Publikationen, Theatervorstellungen, Musikveranstaltungen, Kunstausstellungen sowie kulturelle und zivilgesellschaftliche Organisationen.

trittsgenehmigung zu bekommen. Wir spielten ein paar Songs von Fereidoon Foroughi[17], vor allem aber meine eigenen. Das Publikum war begeistert.

Am letzten Abend kam dann ein Beamter des Ministeriums ins Konzert. Wir hatten vereinbart, dass uns Leute von draußen per Walkie-Talkie warnen sollten, wenn einer von den Typen auftauchen würde. Aber es war nicht der Beamte, der sonst immer kam, und sie erkannten ihn nicht. Doch ich erkannte ihn. Er war einer vom Geheimdienst, der auch für Ershad arbeitete. Als ich ihn im Publikum sah, spuckte ich voll Verachtung auf den Boden. Er sah es und versuchte daraufhin mit seinen Leuten, das Konzert abzubrechen. Das Publikum protestierte, es kam zu einem Handgemenge und zu Verletzten aufseiten des Ershad.

Ich wusste, dass nun alles aus war. Ich wurde verhört, man fragte mich über sämtliche meiner Freunde aus. Sie wollten die Namen der Schriftsteller und Musiker, die mit dieser und jener politischen Oppositionsorganisation sympathisierten. Und sie gingen fest davon aus, dass auch ich mit einer Oppositionsgruppe sympathisierte. Was ich nicht tat. Aber das spielte keine Rolle, für das Regime reichten die Songs, die wir spielten.

Und so wurde ich angeklagt. Glücklicherweise gelang es mir, vor Prozessbeginn in die Türkei zu flüchten. Niemand wusste von meiner Flucht, außer zwei treue Freunde, zu denen ich volles Vertrauen hatte. Ich hatte geplant, den

17 Foroughi (1951–2001) war ein bekannter Sänger und Komponist. Seine Songs »Namaz« und »Yar-e-Dabestani« wurden 1970 von den revolutionären Studenten gegen den Schah gesungen und 30 Jahre später gegen das Regime der Islamischen Republik.

Iran lediglich für eine Woche zu verlassen, bis sich alles beruhigt hätte. Durch Beziehungen hofften wir, das Problem irgendwie zu lösen, aber es klappte nicht.

Ich telefonierte mit meinen Freunden und sie rieten mir, ich solle auf keinen Fall in den Iran zurückkehren. Dann wurde in meiner Abwesenheit das Urteil gegen mich gesprochen. Ein Richter, den ich kannte, hatte seine Finger im Spiel. Wegen einer Auseinandersetzung mit dem Chef der Verkehrspolizei hatte ich 2003 zwei Tage im Gefängnis gesessen, bis ich auf Kaution freigelassen wurde. Diesmal wurde ich »wegen der Verbreitung von Lügen, der Versuchung von Jugendlichen und der Verleumdung des Religionsführers und des Staates« zu drei Jahren Haft und hundert Peitschenhieben sowie einer Geldstrafe von einer Million Toman verurteilt.

Wohin sollte ich gehen? Ich entschied mich für Deutschland, auch wenn ich damals mit diesem Land bestimmte Bilder verband, die nicht sehr schmeichelhaft waren. Im wahrsten Sinne des Wortes mutterseelenallein lief ich durch die Straßen von Frankfurt, summte »Gharie man« (dt. Mein Heimatdorf), ein Lied von Fereidoon Foroughi, und schluchzte dabei vor mich hin. Mein Gott, was hatte ich hier verloren? Wer waren diese Leute?

Ich rief im Iran an. Freunde erzählten mir von einem Bekannten in Norddeutschland. Die Leute dort sagten, ich solle zu ihnen kommen. Ich ging zu einem Schalter, um eine Fahrkarte zu kaufen. Ich erklärte dem Mann am Schalter, wohin ich fahren wollte. Er sagte: »Das kostet achtzig Euro.« Ich sagte: »Ich habe nur fünfundfünfzig Euro. Können Sie mir trotzdem eine Fahrkarte verkaufen?« Er lachte nur. Wie ein Hinterwäldler ging ich daraufhin zu einem

Taxistand und nannte die Stadt, in die ich fahren wollte. Der Taxifahrer kannte sie nicht. Er tippte die Adresse in seinem Navi ein. Dann lachte auch er.

Also ging ich direkt zu einem Polizeirevier in Frankfurt und erklärte: »Ich will Asyl beantragen.« Dann streckte ich den Polizeibeamten meine Arme entgegen, damit sie mich in Handschellen legten. Sie lachten. Höflich begleiteten sie mich zu einem Kleinbus und ließen mich zu einem Erstaufnahmelager bringen.

War das ein Gefängnis? Ein gemachtes Bett, daneben ein Waschbecken und ein Paar Schlappen. Ich musste an die iranische Untersuchungshaft denken. Ich erinnerte mich an die Tage, in denen ich Zigarettenkippen rauchte, an die Kasernenzellen zur Zeit meines Militärdienstes, wo man sich vor Kälte zusammenkauern musste. Ich war in Deutschland, im Land von Nietzsche, Beethoven, Marx, Engels, Habermas ...

Ich hätte mir nie vorstellen können, dass ich irgendwann gezwungen sein würde, in einem anderen Land mit anderen Menschen und einer anderen Sprache zu leben. Im Iran hatte ich vollmundig behauptet, dass ich mich mit der westlichen Kultur auskenne. In Deutschland angekommen, merkte ich, wie viele Dinge ich nicht verstand. Wie fremd ich war, wie einsam ich mich fühlte, wie viel ich noch lernen musste. Aber ich will nicht jammern. Jedes Jahr kommen Millionen Menschen weltweit in diese Lage. Für mich ist nur die Frage wichtig, ob mich das Leben in der Fremde weitergebracht hat. Und die Antwort ist eindeutig Ja. Deutschland hat mich aufgenommen, wieder aufgerichtet und mir vor allem eine gewisse Disziplin bei der Arbeit, aber auch im Privaten beigebracht. Wenn ich in

Italien oder Frankreich gelandet wäre, weiß ich nicht, ob ich mir diese Disziplin hätte aneignen können.

Meine Vorstellung von den Deutschen war, dass sie kühl und pedantisch sind. Sklaven ihrer Gesetze, von denen sie weder abrücken noch sie überschreiten. Aber durch das Leben hier, mit all den Menschen, die Menschen wie mich aufnehmen, obwohl wir eine Kultur mitbringen, die in vielem im Gegensatz zur deutschen Kultur steht, brach das Gebäude meiner Vorstellungen langsam in sich zusammen. Ich fragte mich, ob ich selbst in der Lage gewesen wäre, die Anwesenheit so vieler Menschen mit unterschiedlichen Kulturen im Iran hinzunehmen. Und ich begann mich zu schämen, weil ich mich daran erinnerte, wie schlecht wir im Iran die Afghanen behandelt haben und immer noch behandeln. Wie abfällig wir über die Araber reden und wie wir uns über die Türken lustig machen. Wie viel einfacher könnte das Leben doch sein, wenn die Menschen, anstatt sich gegenseitig schlechtzumachen und zu bekämpfen, ihre Energie für das Verstehen und Entdecken neuer Dinge in sich und anderen nutzen würden.

Acht Jahre sind inzwischen vergangen. Acht Jahre, seit ich meinen Fuß zum ersten Mal in meine Stadt Köln gesetzt habe. Ja, Köln ist meine Stadt. Ich fühle mich dieser Stadt inzwischen so verbunden, als ob ich hier geboren worden wäre. Als ob ich mein Leben lang in der Venloer Straße Döner gegessen hätte. Als ob ich den Barbarossaplatz und den Neumarkt von klein auf kennen würde. Ja, ich habe etwas Wichtiges gelernt in den letzten Jahren: Die Menschen sind nicht auf Gedeih und Verderb mit einem Flecken Land verbunden. Die Menschen sind wie Pflanzen – wo es ihnen am besten erscheint, bleiben sie und schlagen Wurzeln. Inzwischen behaupte ich voll Stolz, dass die Erde meine Heimat ist – von Anzali, einer kleinen Stadt im Nordiran, bis Köln, von Köln über Paris bis nach New York (auch wenn mir die Hochhäuser dort ein wenig Angst machen ...).

Seitdem ich in Deutschland bin, habe ich eigentlich nur ein einziges Mal ein unfreundliches Verhalten mir gegenüber erlebt. Und darüber musste ich eher lachen. Ich hatte vor der Tür einer Straßenbahn gestanden. Eigentlich hätte ich nicht dort stehen sollen, weil ich Aus- und Eingang versperrte. Aber ich war in Gedanken versunken, die Kopfhörer meines MP3-Players steckten in meinen Ohren, ich hörte Musik. Eine alte Frau lief mit ärgerlichem Blick an mir vorbei und trat mir auf den Fuß. Als wolle sie eine Kakerlake zertreten. Ich schaute sie nur verwundert an und sie schimpfte irgendetwas vor sich hin. Ein paar Jungs in der Nähe lachten. Und ich schämte mich ein wenig. Dann beruhigte ich mich mit dem Gedanken, dass eigentlich ich selbst einen Fehler gemacht hatte und dass die alte Frau vielleicht auch einem Deutschen auf den Fuß getreten hätte, wenn er an meiner Stelle vor der Tür gestanden hätte.

In den ersten Monaten telefonierte ich noch viel mit dem Mädchen mit den dattelbraunen Haaren, das bis zur letzten Sekunde vor meiner Flucht zu mir gestanden hatte und in das ich immer noch verliebt war. Wenn ich im Zug, auf der Straße oder im Park junge Menschen sah, die sich küssten, stellte ich mir vor, dass sie nach Deutschland kommen würde und ich sie mitten auf dem Neumarkt umarmen könnte. Ich malte mir aus, ich würde sie meinen Freunden vorstellen und sie würden bewundern, wie perfekt sie Englisch spricht. Denn sie hatte angefangen,

Anglistik zu studieren, und sprach sehr gut. Sie dichtete sogar auf Englisch.

Dann eines Tages erfuhr ich, dass meine Freundin mit einem anderen Mann gesehen worden war. Nicht nur einmal und nicht nur mit einer Person. Ich rief sie an und stellte sie zur Rede. Sie wurde nicht zornig, sie weinte nur und erklärte, man habe mir Lügenmärchen erzählt – aber als ich ihre Augen auf dem Bildschirm sah, während wir miteinander sprachen, wusste ich, dass sie log.

Oh, wie blind ich war! Wie dumm! Viele Tage vergingen, bis ich mich einigermaßen beruhigt hatte. Ich schrieb ein Gedicht nach dem anderen, blödsinnige Songs über die Blödsinnigkeit der Liebe und die Untreue. Veröffentlicht habe ich sie natürlich nicht ...

Wie mein Alltag in Deutschland aussah? Ich besuchte Deutsch-Sprachkurse an der Volkshochschule. Ich las Bücher. Ich schrieb Gedichte. Ich saß am Computer. Ich spielte Musik. Ich versuchte, ein wenig zu arbeiten. Meine Aufenthaltsangelegenheiten waren noch nicht geklärt, aber ich brauchte Geld. Ein Bekannter schlug mir vor, im Teppichladen einer seiner Freunde zu arbeiten. Zunächst war ich im Keller des Ladens mit dem Waschen der Teppiche beschäftigt. Dann fragte mich der Teppichhändler eines Tages, ob ich einen Anzug besäße. Ich nickte. Tags darauf stand ich im Laden neben dem Teppichhändler, einem perfekten Gentleman, der immer eine rote Krawatte trug. Ich schlug die Teppiche auf, blätterte sie auf dem Stapel um, damit die Kunden sie sich anschauen konnten. Während des Verkaufsgesprächs, von dem ich kein Wort verstand, begann ich mich allerdings zu langweilen, fummelte an meinen Haaren, summte leise Lieder vor mich hin und kratzte mich zwischen den Beinen, kurz: Ich benahm mich unmöglich. Der arme Ladenbesitzer litt, und von den Kunden erhielt ich den ein oder anderen Blick, der Steine hätte zerschneiden können. Es war ein Desaster.

Dann lernte ich Ali kennen. Er gehörte zu einigen Leuten, die Musik machten und Songs iranischer Popsänger coverten, in der Hoffnung, irgendwann mal damit auftreten zu können. Sie sagten, ihnen fehle noch ein Bass-Spieler. Ich kaufte mir von dem Geld, das ich von dem Teppichhändler bekommen hatte, einen Bass und fing an, mit ihnen zu spielen. Der Teppichhändler war erleichtert, als ich ihm mitteilte, dass ich nicht mehr in den Laden kommen würde. Er gab mir sogar mehr Geld, als ich verdient hatte. Ich sollte nur so bald wie möglich gehen …

Ein Jahr lang spielten wir in dem Probenkeller der Gruppe. Um ein wenig Geld zu verdienen, gab ich privaten Gitarrenunterricht und lernte dabei eine junge Frau kennen. Wir begannen eine Beziehung und ein Jahr später heirateten wir. Dann trennte ich mich von der Gruppe. Ich hatte sowohl musikalisch als auch politisch andere Vorstellungen, wollte mich nicht mit dem Covern iranischer Popmusik begnügen, wollte etwas Eigenes auf die Beine stellen. Im Internet stieß ich auf ein Interview mit dem Musikproduzenten und Rapper Omid Pouryousefi, das vom ZDF gesendet worden war. Er sprach vom Iran, erwähnte ein Projekt mit dem Namen »Tapesh 2012«[18] und andere Pläne, die ich interessant fand. Er schien mir eine Persönlichkeit voller Energie und mit dem festen Willen,

18 Tapesh bedeutet auf Deutsch Pulsschlag. Die Zahl 2012 stand für das von der Gruppe verfolgte Ziel, 2012 in Teheran auftreten zu können.

etwas zu bewegen. Ich machte seine E-Mail-Adresse ausfindig und schrieb ihm, dass ich mich freuen würde, wenn wir zusammenarbeiten könnten. Wir verabredeten uns in Bochum und ich trug ihm einige meiner Songs vor. Omid war angetan, stellte mir einige seiner eigenen Rap-Lyrics zur Verfügung und ich machte mich an die Arbeit. Ich schrieb drei oder vier neue Songs, und bei unserem nächsten Treffen nahmen wir alles an einem Tag auf. Wir beschlossen, als Erstes meinen Song »Wir sind keine Männer« zu veröffentlichen. Omid meinte, er sei der beste. Meine Frau unterlegte die Musik mit ein paar Fotos von Menschen aus dem Iran, wir stellten den Song auf Youtube und gingen schlafen. Es war der 9. Mai 2008, genau vier Jahre vor den Ereignissen um »Naghi«. Als wir am nächsten Morgen aufstanden, stellten wir fest, dass sich über Nacht tausend Leute den Song angehört hatten. Ich konnte es kaum glauben. An einem Abend tausend Leute? Das war, als sei ein Wunder geschehen. Ich hatte mit der anderen Gruppe Songs veröffentlicht, die nicht einmal im Laufe eines Jahres tausend Mal angehört worden waren. Tags darauf stieg die Zahl der Zuhörer von »Wir sind keine Männer« auf 3000, noch einen Tag später auf 7000, nach drei Monaten kamen wir auf 120 000 Klicks und erhielten Mails von Tausenden Iranern weltweit.

## Wir sind keine Männer
Ma Mard Nistim

Dieses Mädchen flickte sein Jungfernhäutchen
 wieder
Das andere hatte dafür kein Geld, brannte im Feuer
 nieder
Wie meine Mutter und ihr Leben voller Zwang,
 das nur aus Töpfen und Teekannen bestand
Keiner hat bislang ihren Körper gesehen
Das Kopftuch von ihrem Kopf getrennt
Sie sagte, sonst werde sie nach dem Tod in die Hölle
 geschickt
Man werde sie dort sonst an den Haaren aufhängen
Ich sagte, Mama, heißt es nicht, das Paradies liegt
 zu deinen Füßen?
Das Paradies ist doch nur ein leeres Versprechen
Versuch nur, das Leben auf Erden zu genießen
Sie sagte, der Muezzin ruft zum Gebet
Schon standen mir die Haare zu Berge
Ich sagte, du hast nur Angst, und die Angst ist fest-
 genagelt in deinem Geist
Siebzig Jahre als Frau bedeuten siebzig Jahre als
 Dienerin
Ihr Leben war nichts als Erniedrigung
Eine Frau, deren Sünde ihre Existenz war, ohne jede
 Schuld
Man hat sie verwandelt in eine Hülle

Fünfzig Jahre wurde sie beschimpft, bekam Prügel
Ohne ein einziges Mal ihren Mann zu betrügen
Sie musste auf die Fresse kriegen, durfte nicht mehr atmen, nur noch sterben
Nie konnte sie einen Vogel ohne Käfig malen
Eine Frau, die ein Schatten dauernd verfolgte
Sie war eine Puppe, mit der der Mann, wie er Bock hatte, schlief

Du riechst nach Ohrfeige und Peitsche, Frau
Wie lange willst du den Männern noch Schutzgeld zahlen, Frau?
Du bist wie die Heimat geworden, Kumpan der Vagabunden
Dein Schicksal liegt in deiner eigenen Hand, für morgen
Du riechst nach unserer verbrannten Erde, Frau
Du bist vom Himmel auf dem Teppich gelandet, Frau
Wir sind an unserem Mann-Sein gestorben, sei du zumindest eine Frau
Besprenge du uns mit dem Parfum der Ehre, Frau

Wir sind an unserem Mann-Sein gestorben und haben es nicht bemerkt
Nur aus den Büchern haben wir vom Helden Rostam erfahren
Wäre er heute da, wäre er bestimmt auch auf Crack
Der Rostam von heute würde über die schlechten Menschen klagen
Wäre er da, stände er vor Gericht

Wasserkannen und Töpfe würden sie ihm um den Hals
hängen
Vielleicht zöge er in den Krieg und würde geehrt bei
seiner Rückkehr
Vielleicht würde er Feldmarschall bei den Pasdaran
Und wäre Shareholder in Dubai
Rostam könnte, sagen manche, wie Akbar Ganji
werden
Ein bisschen Kant und Popper lesen und Abendländer
werden
Er könnte den Islam säkular auslegen
Er könnte den Koran hermeneutisch interpretieren
Er könnte einen Film drehen und in Cannes aus-
gezeichnet werden
Er könnte Witze erzählen und als Regimekritiker
verstanden werden
Vielleicht ginge er nach Europa und hätte zwei Pässe
Führe drüben Taxi, hätte hier die Eleganz,
um auf Neujahrskonzerten zu tanzen
Über Politik spräche er nicht mehr, da er Angst hätte
Wenn Rostam da wäre, würde er sagen:
»Meine Vorfahren waren Araber
Das Kaspische Meer ist den Russen
Der Persische Golf den Arabern«
Wenn Rostam da wäre, würde er Rostam vergessen
Das Buch der Könige läge seit dreißig Jahren verstaubt
auf dem Sims

Frau, wir sind keine Männer, du kannst uns vergessen
Nimm selbst die Flagge in die Hand, führ selbst die
Bewegung an

Wir sind an unserem Mann-Sein gestorben, sei du zumindest eine Frau
Besprenge du uns mit dem Parfum der Ehre, Frau
Du riechst nach unserer verbrannten Erde, Frau
Du bist vom Himmel gestürzt und auf dem Teppich gelandet, Frau
Wir sind an unserem Mann-Sein gestorben, sei du zumindest eine Frau
Besprenge du uns mit dem Parfum der Ehre, Frau

*Album »Ma Mard Nistim«, 2008*

## *Wir sind keine Männer*

*Erläuterung*

*Der Begriff »Mann« wird in der Sprache der Iraner häufig mit »Ehrenmann« gleichgesetzt. Ein Mann ist also ein mutiger, ehrenvoller Held, während es auch »Unmänner« gibt, feige und hinterhältig. Niemand verkörpert diesen Typus Mann so sehr wie Rostam, der iranische Siegfried aus dem »Buch der Könige«, der epischen Heldensaga des iranischen Nationaldichters Abū 'l-Qāsim Firdausī.*

*Für Shahin Najafi ist dieser »Ehrenmann« vom Aussterben bedroht. Wie sonst könnte die heutige Regierung den Russen bei den Nutzungsrechten im Kaspischen Meer nachgeben? Wie sonst den arabischen Königshäu-*

*sern Kompromisse anbieten bei der Namensgebung des auch völkerrechtlich so genannten »Persischen Golfs«, den die Nachbarstaaten am liebsten in den »arabischen Golf« umtaufen würden? Hatte Rostam nicht mit all seiner Kraft immer die Grenzen seiner Heimat verteidigt? Ist der neue Typus Ehrenmann etwa einer wie der umstrittene Akbar Ganji, der während der Revolution selbst Mitglied der Pasdaran, der Revolutionswächter, war, bevor er als Intellektueller zu einem bekannten Regimekritiker wurde?*

*Für Najafi ist das keine Lösung. Die Frauen sind es, die die Sache in die Hand nehmen müssen. Genau die Frauen, die entweder Sexobjekte oder Mütter sein sollen in der iranischen Gesellschaft. Während die jüngeren sich ihre Jungfernhaut operativ wieder herrichten lassen – ein häufiger Eingriff in den Praxen der Frauenärzte –, wird den älteren erzählt: »Das Paradies liegt den Müttern zu Füßen.« Und das bei andauernder und hingenommener häuslicher Gewalt.*

*Und genau diese Frauen sollen das Versagen der Männer wettmachen, indem sie die Fahne der grünen Bewegung in die Hand nehmen und das Land aus der Krise führen. Denn Männer wie Rostam, mittlerweile wohl crackabhängig, gibt es nicht mehr.*

Die iranischen Radiosender aus dem Ausland wurden auf uns aufmerksam. Wir begannen, Konzerte zu geben. Wir traten auf Festivals auf und veröffentlichten jeden Monat ein neues Lied. Auch zum kostenlosen Download. Innerhalb kürzester Zeit wurde aus dem unbekannten Asylanten der Protestsänger Shahin Najafi, der über Frauenrechte singt. Der Rap-Sänger, der eine kratzige Stimme hat und Feminist ist, der von den Jungfernhäutchen der Frauen singt und gegen den Verschleierungszwang ist, der weder an die Hölle noch an das Paradies glaubt und eine säkulare Gesellschaft anstrebt. Ein politischer Sänger. Denn wer nicht über Partys und Hochzeiten und Liebesgefühle singt, ist für Iraner ein politischer Sänger.

Trotz des Erfolgs trennte ich mich 2009, nach einem Jahr erfolgreicher Zusammenarbeit, von Tapesh und machte als Solosänger weiter. Der Grund war einfach: Ich wollte mich als Sänger nicht politisch vereinnahmen lassen. Ich war nicht bereit, auf Konzerten und bei Festen, die iranische Oppositionsparteien organisiert hatten, aufzutreten. Als eines Tages die Rede davon war, dass ich auf der Veranstaltung einer iranischen Exilpartei singen sollte, stand mein Bruch mit Tapesh daher fest.

Ich war nun achtundzwanzig Jahre alt, meine Lage hatte sich stabilisiert und ich konnte mit meiner Frau in eine Mietwohnung ziehen. Aber ich brauchte immer noch ein festes Einkommen. Von der Musik alleine konnte ich nicht leben. Was konnte ich tun? Ich hatte keine richtige Ausbildung, ich konnte nur Gitarre spielen, Gedichte schreiben und singen. Und das auch nicht auf irgendwelchen Hochzeitsfeiern oder Partys, sondern einzig und allein auf Konzerten. Ich war nicht bereit, mich und meine Songs für Vergnügungszwecke zu verkaufen. Oder irgendetwas anderes zu singen, zu dem ich nicht stehen konnte.

So fing ich an, in Fast-Food-Läden zu arbeiten. Bei Burger King fand ich meinen ersten Job, dann ging ich zu McDonald's. Die Arbeit bei McDonald's war die härteste meines Lebens. Ich war unter lauter Menschen, die traurige, stumpfe Gesichter hatten, die auf tiefes Leid hindeuteten. Einer von ihnen, er hieß Osman, stammte aus der Türkei. Er war ein stämmiger Junge, dessen Schultern sich vom Bodybuilding auf merkwürdige Weise in einen Buckel verwandelt hatten. Er sprach mit keinem von uns; wenn er ankam, grüßte er nicht, und wenn er ging, verabschiedete er sich von niemandem. Einmal, als er sich im Umkleideraum umzog, konnte ich die Narben auf seiner Brust und seinem Bauch sehen, es schienen Narben von Messerstechereien zu sein. Später erfuhr ich, dass er in Deutschland geboren war. Und ich lernte eine Frau kennen, die seit vierzehn Jahren Hamburger briet, ihr Gesicht war rot und erinnerte an die gebratenen Hamburger, ihre Augen waren blutunterlaufen. Ich beschloss, Vegetarier zu werden.

Als ich eines Tages im Waschraum mein Gesicht im Spiegel sah, begann ich zu weinen. Ich weinte um mich und um alles, was mir widerfahren war. Inzwischen muss ich fast darüber lachen, wie viel ich in dieser Zeit geweint habe.

Nach fünf Monaten kündigte ich bei McDonald's und fing bei Kentucky Fried Chicken an. Noch einmal Küche. Ich musste die Hähnchenleichen panieren, dabei war ich immer noch Vegetarier und aß in der Pause nur Salat. Ich wurde so dürr, dass ich aussah, als sei ich krank oder drogensüchtig. Also gab ich irgendwann auf und begann, die Hähnchenleichen zu essen, die ich selbst bearbeitet hatte und von deren Gestank mir übel wurde.

Im Sommer 2009, während ich bei KFC arbeitete, fanden die Präsidentschaftswahlen im Iran statt. Ich hatte die naive Hoffnung, es würde zu einer grundsätzlichen Veränderung kommen. Als Ahmadinedschad vor den erstaunten Augen der Bevölkerung wieder zum Präsidenten erklärt wurde, strömten die Menschen auf die Straßen und protestierten zu Hunderttausenden gegen den Wahlbetrug. Es sah aus wie eine friedliche Revolution, und ich war unglücklich, nicht dabei sein zu können. Wenn ich von der Arbeit nach Hause kam, setzte ich mich sofort an den Computer und schaute mir alles an, was im Internet über die Proteste zu finden war. Man hatte den Eindruck, als seien die Iraner diesmal wirklich entschlossen, dem Regime den letzten Rest zu geben. Da ich als Sänger inzwischen einen Namen hatte, musste ich Interviews geben, mich vor dem Mikrofon von *Voice of America*[19] über die Proteste der Bevölkerung im Iran äußern. Ich sagte, dass ich gegen eine blutige Revolution sei, aber mit meiner ganzen Kraft und Überzeugung hinter den Protesten der iranischen Bevölkerung stehe. Dass ich keine Sekunde daran zweifle, dass dieses Regime verschwinden muss, dass sich aber die Geschichte der Revolution von 1978/79 nicht wiederholen dürfe.

Aber was für ein Weg bleibt dann? Ich weiß es bis heute nicht. Niemand weiß es. Wir haben keine Antwort auf diese Frage. Wenn ich von den Iranern im Iran, manchmal sogar von den politisch aktiven Iranern im Ausland, höre, der einzig mögliche Weg sei die militärische Intervention der USA, bin ich verzweifelt. Gewalt kann man niemals

19 Voice of America ist der offizielle staatliche Auslandssender der USA mit Sitz in Washington, D.C. Ein Programm in Persisch für den Iran wird in Kooperation mit Radio Free Europe/Radio Liberty unter dem Namen Radio Farda (deutsch: Radio Morgen) ausgestrahlt.

mit Gewalt beseitigen. Aber ist nicht auch Hitler nur durch einen Krieg besiegt worden, fragte man mich damals. Ich antwortete, dass das iranische Regime schwächer sei, dass die Bevölkerung selbst das Regime stürzen könne, dass sie nur mehr Informationen und eine starke Opposition brauche.

Das Jahr 2009 war also ein durch und durch politisches Jahr. In dem Sinne, dass auch ich keine Grenze mehr zwischen Kunst und Politik ziehen konnte. Ich veröffentlichte den Song »Neda«, drei Tage nach ihrem Tod, ich nahm Urlaub und fuhr in die Niederlande, nach Belgien und Berlin, um Konzerte zu geben, die die Menschen im Iran unterstützen sollten.

## Neda

Morgens wachte sie auf
Sah sich im Spiegel
Sah, dass sie eine Leiche war
Dass sie schon lange gestorben war
Gelebt hat sie nicht, sie war nur am Leben
Als sie den Fernseher einschaltete, hat sie gesehen,
dass die Straßen voller Menschen waren, es war
kein Versehen
Sie alle, Frauen und Männer, Jung und Alt
Stürmten hinaus, die Zeit war reif
Sie hatte gehört, das Recht sei zu erkämpfen

Das Recht würde bleiben und das Unrecht endlich
gehen
Die Mutter warnte sie, sagte, geh nicht!
Hat es etwa genutzt, dass so viele gestorben sind oder
im Gefängnis?
Kümmert sich jemand um sie und fragt jemand nach
ihnen?
Wer antwortet ihnen, weiß, wie es um ihr Anliegen
steht?
Bei Gott, es wird sich nichts ändern
Was Recht bedeutet, das wird noch lange nur in den
Büchern stehen
Aber Neda hörte den Ruf von der Straße her:
Komm, Neda, bleib nicht stehen!
Heute ist dein Tag auf die Straße zu gehen
Liebste Neda
Sie wollen deine Hochzeit feiern, liebste Neda,
um den Messias des Todes als Jungfrau zu gebären
Die Straßen sind blutdürstig und warten nur darauf
Der Bräutigam ist die Kugel, er dringt in dich ein
Das Ehebett ist bereit, man will dich dorthin tragen
Gott, schau, man hat dir deine Unschuld entrissen
Deine Jungfrau Maria einfach erschossen
Sieh nur, wie wir von einer Horde Raubtiere umzingelt
sind
Sieh nur, was ein Mensch hierzulande wert ist
Neda, was wolltest du mit deinem letzten Blick sagen?
Ich lass mich nicht würgen, meine Stimme fließt
Gasse um Gasse in dieser Stadt
Die Pflastersteine rot von deinem Blut
Schlaf, Neda, schließe deine Augen, Neda

Hab keine Angst mehr vor dem, was morgen
sein wird
Schlaf, weil wir leben, weil ich wach bin,
um auf den Straßen deinen Namen zu verbreiten
Lasst eure Finger von ihrem Blut, es wird weiter
fließen
Seit Tausenden Jahren fließt es nun schon
Es ist nicht Nedas Blut, es ist das Blut der Heimat
Das Blut einer fremden Heimat, einer Heimat ohne
Leichentuch
Einer Heimat, die mich in die Flucht schlug
Deren Menschen zu sich selbst nicht gut sind
Was für eine Erwartung!
Warum sollten sie eine wie Neda nicht töten, mit Kugeln
durchsieben?
Ich ... aber ... wenn ... vielleicht ...
Ich sage nicht mehr, etwas muss
Ich verlange nur mein Recht
Hunderte wie Neda auf der Straße rufen wie aus einem
Mund:
Und wenn ihr uns tötet
Das Recht ist zu erkämpfen
Das Recht wird bleiben und das Unrecht muss endlich
gehen
Solange mir keiner mein Recht zurückgibt
Spielt sich Tag und Nacht das Gleiche ab

*Single, 2009*

*Erläuterung*

*Neda, ein iranischer Frauenname, der sinngemäß »der Ruf« bedeutet, ist der Vorname des bekanntesten Opfers der Proteste nach der gefälschten Präsidentschaftswahl 2009. Neda Agha-Soltan, eine Philosophie-Studentin, war auf dem Weg von ihrem Musikunterricht zurück nach Hause, als sie am Rande einer Demonstration anhielt. Der Rest ist auf einem Handy-Video dokumentiert: Wie sie verblutet am Boden liegt, mit glasigen Augen, während um sie herum einige Männer verzweifelt versuchen, ihr zu helfen.*

*Neda wurde nach ihrem Tod zur Ikone der Freiheitsbewegung im Iran. Die sozialen Medien im Internet verbreiteten den Videoclip genauso schnell wie ein Foto, das allerdings die falsche Neda zeigte. Neda Soltani, dessen Foto fälschlicherweise verbreitet wurde, musste bald den Iran verlassen, weil sie von den Schergen des Regimes nun auch bedroht wurde. Auch der Arzt, der auf dem Video die verletzte Neda behandelt, lebt mittlerweile nach Todesdrohungen im Ausland.*

*Neda Agha-Soltan wurde 27 Jahre alt.*

## Das Jahr des Blutes
Sale Khoon

Wann war das?
Wir waren bis zum Morgen wach, weißt du noch?
Eine Zigarette nach der anderen vor lauter Stress
Vielleicht ist unser Schicksal im Innern dieser Urne eingesperrt
Vielleicht kommen die Erlösung und ein Wunder heraus
Woran wir glauben und was wir wollen, genau das
Es ging nicht um schlecht oder schlechter, ein einziger Schrei
Der Kloß in unserem Hals hat uns erstickt
Niemanden juckte unser Schluchzen
Es war ein schlechtes Jahr, doch du und ich, wir waren nicht schlecht
Es war eine Prüfung, und wir haben bestanden
Wir haben gelernt, dass die Antwort auf die Faust nicht die Faust ist
Sie schlugen zu, wir bekamen den Gummiknüppel ab, die anderen den Sandis
Durch den Dreck wollten sie die Farbe deines Kleides ziehen
Sie haben dir das Maul gestopft, deinen Körper zerschlagen
Sagten, gestehe, was du nicht getan
Sonst wird deine Mutter wie die von Neda Trauer tragen

Wir haben die Grenze zwischen Frau und Mann verwischt
Haben aus Liebe zu Majid Kopftücher getragen
Unsere Worte waren deutlich, doch sie stießen auf taube Ohren
Wir wurden alle zu Bäumen, das Urteil lautete: Axt
Alle Gassen und Straßen rochen nach Blut
Es verschied vor den Augen Rostams Sohrab
Die Hand mit der Feder wurde abgeschlagen
Im Namen Gottes hauten sie alles kurz und klein
Es war das Jahr, in dem die Getränkeflaschen nach Kahrizak rochen
Wie sehr es mich drängt, mich mal richtig auszuweinen
Wie sehr hab ich dich beneidet, wenn du geschrien hast
Mit dir wurde ich gefoltert, mit dir bin ich gestorben
Wie oft habe ich mit der Faust auf meinen Schreibtisch gehauen
Wie ich das Schicksal und die Geschichte verfluche
Meine Gedichte sind blutrot, eines wie das andere
Shahin, der Falke, in seinem Käfig dem Wahnsinn verfallen
Es war ein schlechtes Jahr, doch du und ich, wir waren nicht schlecht
Sie schlugen uns zusammen, aber wir blieben auf den Beinen
Auf das Wohl aller grünen Zedern
Wir stehen da, das Haupt erhoben, es ist das Geheimnis unseres Herzschlags
Wir sind noch da und morgen geht sicher die Sonne auf
Ich bin so sicher wie du, ihre Tage sind gezählt

Ein schlimmes Jahr, das Jahr des Windes
Das Jahr des Blutes und der Tränen
Ein Jahr voller Trauer
Dieser ganze Wahnsinn steckt uns wie ein Kloß im Hals
Mein Jahr, dein Jahr, das Jahre der Liebe und des Stolzes
Das Jahr der Hand mit dem grünen Wahlzettel unter dem Beil

*Album »Sale Khoon«, 2010*

## Das Jahr des Blutes

*Erläuterung*

*Das Jahr des Blutes: Damit ist das Jahr 2009 gemeint. Nach der gefälschten Präsidentschaftswahl unterdrückte das Regime mit großer Brutalität die Proteste. Und mobilisierte mit Geld und Druck alle, die noch bereit waren, ihm beizustehen. Es gab fingierte Gegendemonstrationen, bei denen die »Demonstranten« mit Schlagstöcken auf die friedlichen Protestierenden losgingen. Um am Ende eine Handvoll Scheine und ein kostenloses »Sandis«, ein Erfrischungsgetränk ähnlich wie »Capri-Sonne«, zu bekommen.*

*Die Repression war überall. Auf den Straßen wurden junge Menschen wie Neda Agha-Soltan (27) oder Soh-*

*rab Arabi (19) erschossen. Der Name Sohrab stammt aus der iranischen Mythologie. Sohrab war der Sohn des persischen Heldenfürsten Rostam. Durch eine Intrige der Feinde Persiens kämpften die beiden miteinander, ohne zu wissen, dass sie Vater und Sohn waren. Durch eine List bezwang Rostam Sohrab, um auf seinem Sterbebett zu erkennen, dass er gerade seinen Sohn umgebracht hatte. Darauf spielt Shahin Najafi an, wenn er vom Tode Sohrabs erzählt.*

*Die Repression ging jedoch in den Gefängnissen erst recht weiter. Im Geheimgefängnis Kahrizak im Süden Teherans wurden Hunderte Häftlinge, Frauen und Männer, gefoltert und vergewaltigt – auch mit harten Gegenständen wie Getränkeflaschen.*

*Wie soll sich da Shahin, wörtlich übersetzt Falke, sonst fühlen als »ein Falke, in seinem Käfig dem Wahnsinn verfallen«?*

Mein ganzes Denken kreiste damals um die Gefängnisse im Iran, um Demonstrationen, Blut und Neda. Ich bekam Schwierigkeiten mit meiner Frau. Sie war in Deutschland aufgewachsen und ihr gingen die Ereignisse im Iran nicht so nah wie mir. Sie wollte ein unbeschwertes Leben. Sie wollte reisen. Ich antwortete: »Soll ich verreisen, wenn die Leute im Iran in den Straßen sterben?« Wir entfernten uns Tag für Tag mehr voneinander, sie war bei mir, aber ich war nicht anwesend. Ich lebte wie ein Geist und war ununterbrochen mit meiner Arbeit beschäftigt. Tief enttäuscht von der Niederschlagung der Proteste, schrieb ich wie besessen einen Song nach dem anderen und veröffentlichte das Album »Illusion«. Wenn ich an diese Monate zurückdenke, wird mir klar, dass die Menschen, die damals um mich waren, sehr unter mir gelitten haben.

Mit dem Album »Sale Khoon« (Blutjahr) wurde das Jahr 2010 dann zu einem besseren, ruhigeren Jahr für mich. Als Sänger hatte ich immer mehr Erfolg: Wie weit »Sale Khoon« auch im Iran verbreitet wurde, konnte ich kaum glauben. Und ich begann, mit Shahryar Ahadi zusammenzuarbeiten. Shahryar ist ein ruhiger, warmherziger Mann, geduldig, manchmal auch ein wenig pessimistisch, was den Iran angeht. Sein deutscher Verstand und mein iranisches Herz passen gut zusammen. Wir beschlossen, die Konzerte besser zu organisieren. Wir arbeiteten mit deutschen Musikern zusammen, fanden mit Majid Karzemi und Navid Zardi neue Musiker aus dem Iran, die sowohl musikalisch als auch politisch mit mir übereinstimmten. Ich etablierte mich endgültig mit meinen Konzerten, die bei dem Publikum gut ankamen. Aber genauso wenig wie ich das Etikett »politisch« tragen wollte, mochte ich die Bezeichnung »Rapper« angeheftet bekommen. So stellte ich 2011 das Album »Hitch Hitch Hitch« (Nichts Nichts Nichts) zusammen, das musikalisch andere Wege geht, den Rap beiseitelässt und sich dem Trip-Hop und Elektrojazz zuwendet. Das Album wurde 2012 veröffentlicht. Es war der Anfang eines vielversprechenden Jahres.

Aber 2012 war natürlich geprägt von den Ereignissen um die Veröffentlichung von »Naghi«. Es müssen noch einige Jahre vergehen, bevor ich über diese Zeit lachen kann. Es ist noch zu früh, um zu vergessen, wie hart die ersten Wochen nach der Fatwa waren.

Ich habe alles für meine Musik geopfert. Und nicht nur ich: Von meiner alten Mutter im Iran bis zu meiner Frau haben alle ihr Leben für meine Musik geopfert. Nicht, damit ich ein Star werden konnte. Ich wollte nie einer sein. Ich glaube aber daran, dass ich etwas tue, was bislang noch niemand in der Geschichte der iranischen Musik getan hat: Songs zu singen, in denen politische, gesellschaftliche und Liebesangelegenheiten nicht zu trennen sind, Worte wie Hammerschläge zu schreiben, unter denen der Dachstuhl über meinem Kopf einstürzt.

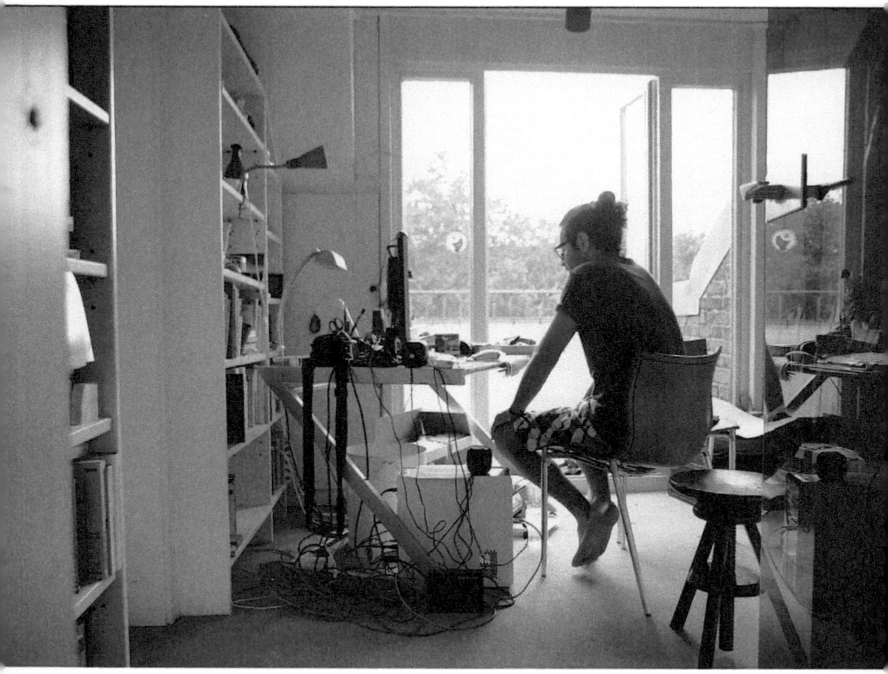

*Bei Günter Wallraff,*
*einige Tage nachdem Shahin Najafi untertauchen musste*
*© Sharyar Ahadi*

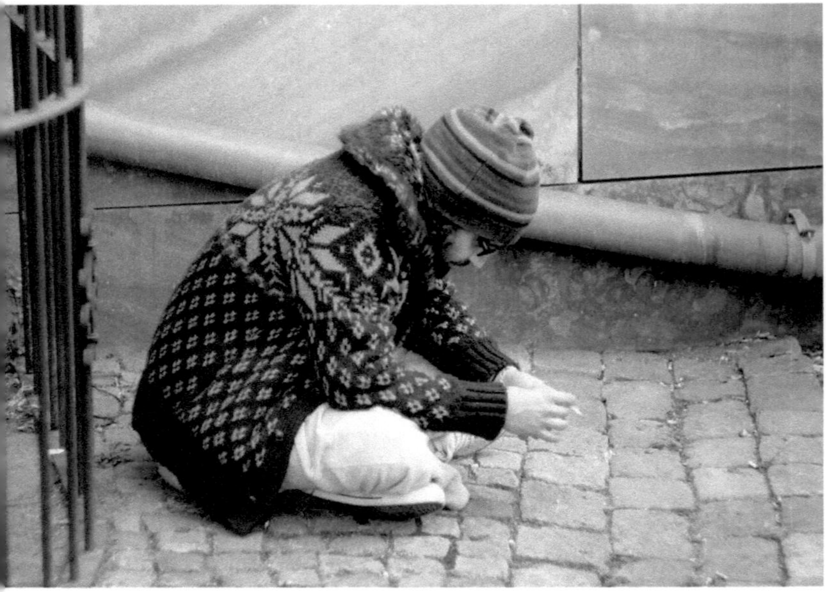

*Kurz vor einem Konzertauftritt in Stockholm, April 2011*
*© Sharyar Ahadi*

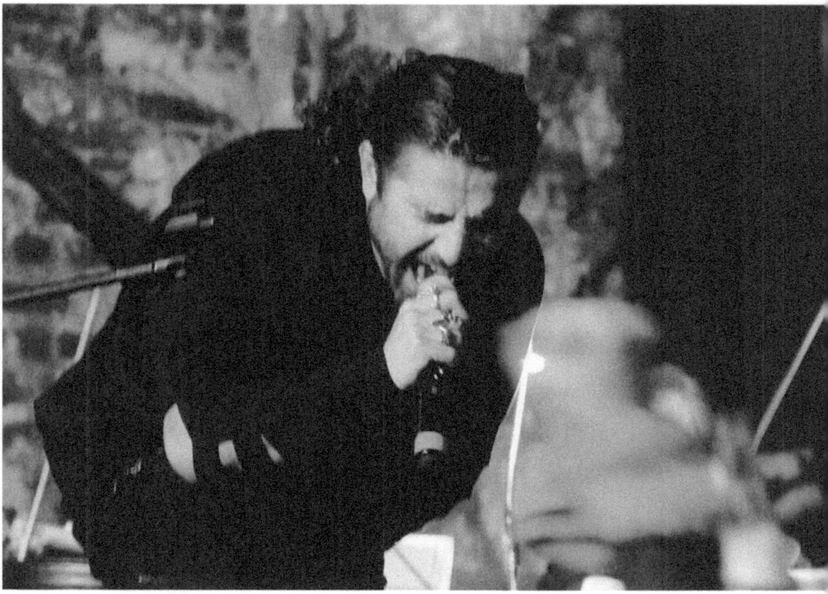

*Bei einem Konzert in Düsseldorf, April 2012*
*©Sharyar Ahadi*

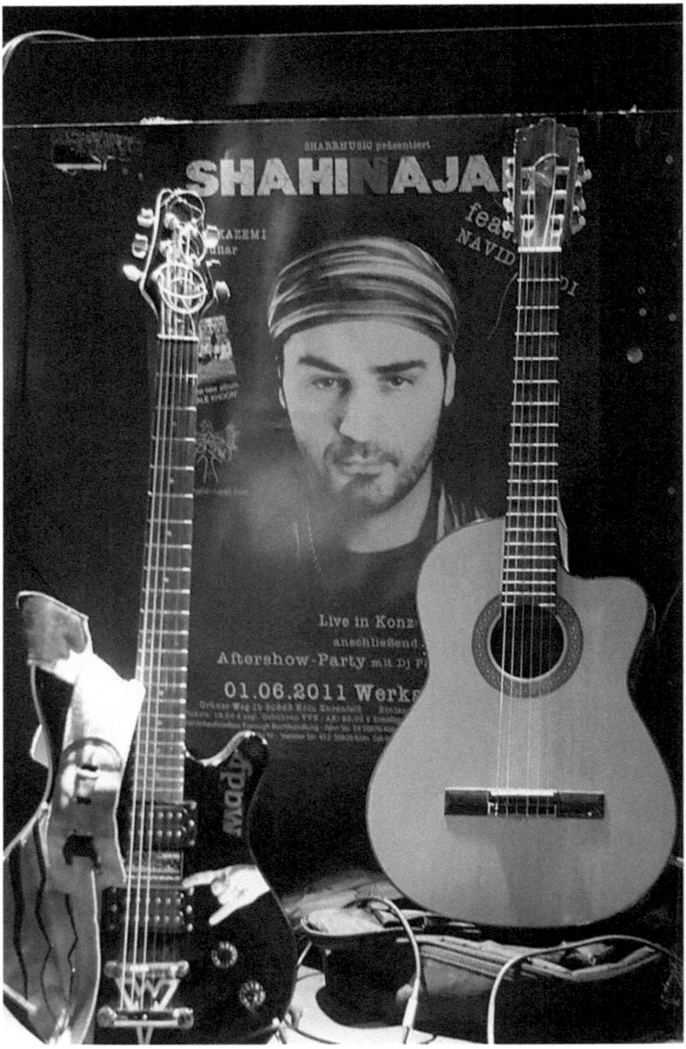


*Konzertplakat Köln, Mai 2011*
*© Mehrdad Dorrani*

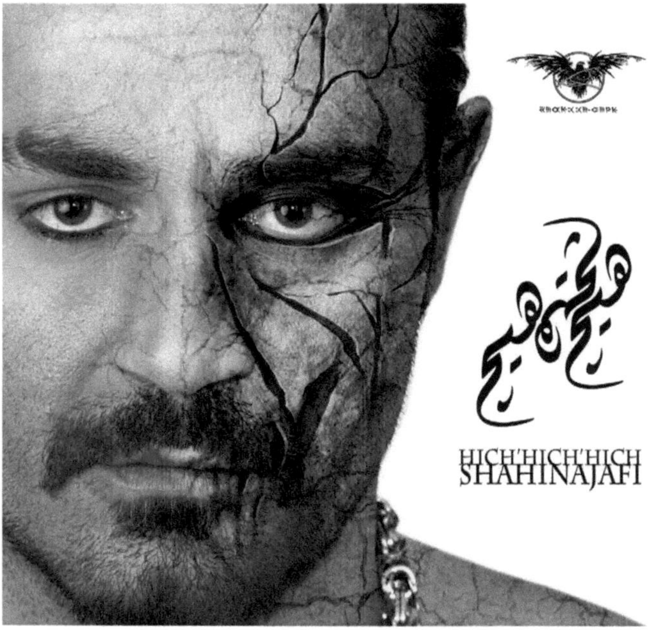


*Albumcover von Hich Hich Hich*
*© Reza Ahmadi*

## Taraneh oder
## Wenn Gott schläft

Drei Personen, drei Männer vom Stoff des Todes
Ein zusammengebrochener Körper aus Hagel
Drei Geilheiten, sechs Eier und drei Schwänze
Eine Taraneh, ein Vorwand und eine Gelegenheit
Drei Gehirne vollgestopft mit Versen, mit Wut und Gier
Ein Zimmer, eine Taube, eine Ehre
In ihren Adern fließt das Sperma
In einem Moment, in dem du dir wünschst, du
wärest tot
Angst schreit aus deinen Augen
Ihre Hände waren gefesselt, sie konnte nur schreien
Ihre Stimme schluckten die Mauern von Evin
Der Schmerz bei der Penetration, der Ekel bei der
Wiederholung
Ihr Körper verwundet von dem höhnischen Lachen
Taraneh, weine, mach die Augen zu!
Fick sie, Bruder, Gott schläft!
Fick sie, wie die Geschichte vom Ficken und wieder
Ficken
Verbrenne ihren verletzten und zerfetzten Körper
Über der Leiche dieser Taube rezitiere deine
Koran-Verse
Schau Erde, wer dich geerbt hat
Weine Blut, Erde
Explodiere, zersplittere, Erde

Schmach und Schande über dich!
Zerreiße die Nacht, reiß den Himmel auf
Lass den Himmel auf die Erde stürzen und auch
die Zeit
Spucke mir ins Gesicht, Erde, wenn ich schweige
Wenn ich für Taraneh nicht Hunderte Lieder singe
Wenn ich für Taraneh nicht Hunderte Lieder singe

Taraneh, brülle und lach mich aus
Taraneh, weine und schließ die Augen
Taraneh, schau, wie tief ich selbst im Dreck versinke
Taraneh, komm, mich kannst du diesmal vergessen

Ein Kopf auf dem Pflaster, eine Dahingestreckte und
eine Kugel
Ein Körper, ein Soldat und Tränen und ein Gewehr
Ein Basidsch, verliebt in die grüne Farbe
Ein Polizist und ein Paulus und die Verneinung
des Krieges
Ein Mullah befreit sich und findet seinen Platz in den
Herzen der Menschen
Ohne Gewand in den Fängen des Skorpions
Massah, Jila, Shiwa, Mohammad
Issah, Adnan, Kaweh, Jelweh, Ahmad
Ein Anwalt ohne Anwalt in der Kerkerqual
Ohrfeigen, Demütigungen, die Zelle und der stockende
Atem
Ein gläserner Kloß im Hals des Kanarienvogels
Ein Knall, eine Kugel, eine tödliche Wunde
Ein Präsident, aber aus Holzkohle
Eine Erniedrigung, ein Zweifel, und das Gefühl der
Vollkommenheit

Eine Regierung, die von der Nation ausgekotzt wurde
Ein Kopf, der seit dreißig Jahren herumspukt
Das schlechte, hässliche Bleistiftgekritzel
Der kranke Präsident ist ein Verbrecher, der nicht lesen
und schreiben kann
Wie ein Lichtkranz um den Kopf eines Nagels
Die Karikatur einer Diktatur, dumm und dämlich
Der Oberste Geistliche, niederträchtig und unverschämt
Ein Ungläubiger, verkleidet im Heiligen-Kostüm
Taraneh, schau mal, dieses Schiff steckt im Dreck fest
Taraneh, streiche seinen Namen aus diesem Heft
Taraneh, brülle
Taraneh, lach mich aus
Taraneh, weine und schließ die Augen
Taraneh, schau, wie tief ich selbst im Dreck versinke
Taraneh, komm, mich kannst du diesmal vergessen

*Album »Illusion«, 2009*

## *Erläuterung*

*Taraneh Mousavi, 28 Jahre alt, wurde am 28. Juni 2009 bei einer Demonstration in Teheran vor einer Moschee von Basidschis, der brutalen und inoffiziellen Miliz des Regimes, verhaftet. Sie wurde im weltweit berüchtigten Evin-Gefängnis mehrfach brutal vergewaltigt und umgebracht. Ihre verbrannte Leiche wurde einige Hundert Kilometer entfernt bei der Stadt Qazvin gefunden.*

*Der Geistliche Mehdi Karoubi, einer der betrogenen Präsidentschaftskandidaten, deckte auf, dass in den iranischen Gefängnissen bei der Bekämpfung der Proteste nach der gefälschten Präsidentschaftswahl Vergewaltigung als Folter systematisch angewendet wurde. Seine Frau und er sind unter Hausarrest, ohne jeden Kontakt zur Außenwelt.*

*Taraneh, ein iranischer Frauenname, bedeutet »liebliches Lied«. Ein Lied, das verstummt, wenn Gott schläft.*

## Endstation
Ma Akhare Khatim

Wenn du die Augen öffnest und dich umschaust
Siehst du nur Leichen, die alle auf dich einschlagen
Auch von deinen Eltern hast du eines Tages genug
Weil sie wollen, dass du ein Schaf wirst wie sie
Aber durch meine Adern strömt das Blut einer wilden Generation
Die an das, was du uns anbietest, nicht mehr glaubt
Deine Geschichten haben mich nichts gelehrt
Außer Armut und Verzweiflung
Ich sage es auf die einfache Weise: Alles verdirbt vor sich hin
Dagegen bleiben uns keine Waffen außer dieses Schreis
Hadji, schau mal her, fürchte nicht meine Worte
Denn wir sind zwei aus verschiedenen Generationen
Du weißt schon, wenn du untergehst, ziehst du alles mit
Wir ziehen bekifft unseren Dolch hervor, also hör endlich zu
Es ist schlimm, wenn du die vierzehnjährigen Ausreißerinnen nagelst, während schon sieben weitere im Bett bereitliegen
Du bist so verzückt von dem, was unter deiner Gürtellinie abgeht
Du weißt genau, wie schlecht es ist, beim Ficken high zu sein

Wie willst du deine Fatwas erklären, wenn du selbst
am meisten abgehst?
Du bist die verschmutzte Quelle der Nachahmung
Hadji, ich bin anders, ich lebe monogam
Du betreibst Massenhaltung mit Chicks
Du exportierst sogar welche

Hadji, mach uns nicht den Scheinheiligen
Hadji, wir sind an der Endstation, wie kann es da noch
schlimmer werden?
Hadji, mach uns nicht den Scheinheiligen
Hadji, wir sind an der Endstation, wie kann es da noch
schlimmer werden?

Hadji, an dir hängt eine Menge Bart wie Wolle herum
Mit der Gebetskette in der Hand kriegst du jede für
die Zeit-Ehe rum
Spuck nicht so große Worte, Hadji
Nimm den Mund nicht so voll
Du kriegst noch Dünnschiss, wenn du weiter so viel
frisst
Es schickt sich nicht, sei nicht so gierig, Hadji
Du weißt, warum ich Crystal, Haschisch, Dope und
Crack wie Bonbons und Kandiszucker in der Hand
habe
Hadji, ich weiß, wie unsere Generation zugrunde geht
Du musst nicht alles kurz und klein hauen
Du sagst:
Habt ihr gesehen, dass die USA schuld sind an unserem
Elend?
Sie sind schuld daran, dass Fleisch und Hähnchen
fehlen

Du sagst:
Elend und Prostitution haben uns Leute wie Bush gebracht
Hier ist alles in Ordnung, wenn nur die Fremden nicht störten
Du sagst:
Alle Unannehmlichkeiten kamen von arroganten Imperialisten
Sie haben bei uns geplündert, das ist Kolonialisierung
Das ist kein Leben, das ist Sklavenarbeit und Ausbeutung

Hadji, dein »Weder Ost noch West« ist eine bloße Parole
Alter, ich hab Hunger, wen kümmert das Recht auf Atomkraft?
Die Urkunde unseres Hauses liegt bei den Behörden als Kaution für das »Kugelgeld«
Man verkauft nicht mal einen Esel für so dumm, Schande!
Mein Gesicht brennt immer noch von deinen Ohrfeigen
Was hast du mir nur angetan, du bist doch mein Landsmann!
Das wenige, was ich hatte, hast du mir auch noch genommen
Was hast du mir dafür gegeben, außer dem Gefühl der Demütigung?
Wir versinken nun alle in Bosheit und Dreck
Du wolltest uns den Glauben schenken, hast uns dafür die Welt genommen
Hadji, ich sage es unverschleiert: Du hast komplett verschissen

Hadji, mach uns nicht den Scheinheiligen
Hadji, wir sind an der Endstation, wie kann es noch schlimmer werden?
Hadji, mach uns nicht den Scheinheiligen
Hadji, wir sind an der Endstation, wie kann es noch schlimmer werden?

Nun mach mal halblang, Hadji, du betreibst 'nen Harem
Hadji, das Freitagsgebet verrichtest du mit deinen Edelnutten
Wenn es um uns geht, dann predigst du Enthaltsamkeit wie dem Knüppel des Esels
Was ist mit uns? Warum sollen wir weniger Spaß haben als du?
Lange genug hast du uns gestoßen ... mit deinen Ratschlägen
Nun lass mich auch mal stoßen ... mit meiner Rede
Du kennst nicht einmal den Unterschied zwischen Feigen und Fleisch
Du verwechselst auch mal Loch mit Loch
Für dich muss Echsen-Pizza serviert werden
Du merkst nicht mal, dass dein Frühstück gekochter Heuschreckenschädel ist
Schau mal, wer uns zum Neujahrsausflug begleitet
Warum hast du nicht einmal eine Unterhose an, du Wichser?
Vielleicht spielst du aber auch den Klugen und bist ziemlich schlau
Du packst ihn einfach aus und steckst ihn irgendwo rein

So haben wir uns von dir dreißig Jahre ficken lassen ...
wart nur ab
Es kommt die Zeit, in der du dich auch ficken lassen
musst ... endlich

Hadji, mach uns nicht den Scheinheiligen
Hadji, wir sind an der Endstation, wie kann es da noch
schlimmer werden?
Hadji, mach uns nicht den Scheinheiligen
Haji, wir sind an der Endstation, wie kann es da noch
schlimmer werden?

*Album »Ma Mard Nistim«, 2008*

*Erläuterung*

*»Marmoulak« ist das iranische Wort für Eidechse und der Titel des erfolgreichsten iranischen Kinofilms aller Zeiten, 2004 erschienen. Er erzählt die Geschichte von Reza, der Eidechse – einem Dieb, der sich auf der Flucht aus dem Gefängnis als Geistlicher verkleidet. In einer klassischen Verkleidungskomödie gerät Reza in alle denkbaren Situationen, die zeigen, wie absurd die Autorität der Geistlichkeit teilweise sein kann. »Marmoulak« ist der iranische »Hauptmann von Köpenick«.*

*Darauf spielt Shahin Najafi an. Und nicht umsonst ist der Videoclip zum Song »Endstation« ein Zusammenschnitt aus »Marmoulak«. Doch er geht weiter: Er zieht nicht nur die Geistlichkeit und ihre Doppelmoral auf, sondern alle, die besonders fromm tun. Deshalb wählt er die Ansprache »Hadji«, ein Ehrentitel für Menschen, die eine Pilgerfahrt nach Mekka vollzogen haben.*

*Und diese Doppelmoral ist umfassend. Sie betrifft die Sexualität, bei der häufig die schiitische Zeit-Ehe als religiöser Deckmantel für Polygamie herhalten muss. Und dies in einem Land, in dem auf der einen Seite Frauen in Haft geraten können, wenn sie zu viel von ihrem Kopfhaar zeigen, auf der anderen Seite aber immer wieder Menschenhändlerringe auffliegen, die unter den Augen des Staates iranische Frauen in die Harems der Golfstaaten verkaufen. Darauf spielt Najafi an, wenn er dem Hadji vorwirft: »Du betreibst Massenhaltung mit Chicks, du exportierst sogar welche«.*

*Diese von vielen Geistlichen unterstützte Doppelmoral betrifft aber beispielsweise auch die Außenpolitik. Während die Leitlinie der »Unabhängigkeit« des Irans in der Öffentlichkeit immer mit dem Slogan »Weder Ost noch West« beschrieben wurde, wurde das iranische Regime in den letzten Jahren immer wieder von Russland unterstützt – auch bei der Unterdrückung des eigenen Volkes. Und dass der unendlich oft wiederholte Satz, dass Atomkraft das Recht des iranischen Volkes sei, nichts zu tun hat mit den Sorgen der Menschen im Alltag – auch darauf macht Najafi zu Recht aufmerksam.*

*Es gibt aber auch andere Geistliche. Der mittlerweile verstorbene Großayatollah Montazeri sagte einmal: »Ja, Atomkraft ist schon das Recht des iranischen Volkes. Aber das Volk hat noch andere Rechte, über die wir zuerst reden sollten. Beispielsweise die Redefreiheit.«*

*»Marmoulak« wurde zwei Wochen nach Anlaufen in den iranischen Kinos wieder aus dem Verkehr gezogen. Der Film war wohl zu erfolgreich.*

# Aus dem Mund einer Frau

Harfe Zan

*Wenn du wissen willst, wie es in einem Land um die Freiheit bestellt ist, dann frag die Frauen des Landes*

Schlag nicht zu, ich beschwöre dich, bei allem, woran du glaubst
Schlag nicht zu, deine Hand ist so stark
Und das Gesicht dieser Frau so zart
Ich schwöre, ich zittere am ganzen Körper
Wer behauptet denn, unsere Söhne sind Arschlöcher und unsere Töchter Nutten?
Ja, dieser Schmerz ist wie ein Tumor in meiner Brust
Glaub nicht, was ich sage, ist aus Hass oder Trotz gemacht
Das hier ist kein Gedicht, es ist der Kloß, der mir im Halse steckt
Das hier ist kein Lied, es ist der Schrei am Ende der Sackgasse
Das hier ist eine Wunde, die mich im Stillen auffrisst
Und in die Tiefe der Katastrophe deines blutverschmierten Gesichts führt
Deine beiden Augen sind nun blau, ich weiß
Man sagt, der Sinn deines Daseins sei die Sünde, ich weiß
Du bist wie eine Perle, aber nicht zum Schmuck
Du bist zart, schön, kostspielig ... wie man so sagt

Die Menschen sind krank, dein Dasein bringt ihnen Genesung
Ja, du bist die Sünde, eine Sünde, die Segen bringt
Ja, ich kämpfe, kämpfe für alles, was mir zusteht
Meine Waffe ist meine Stimme, sie erhebt sich, das ist das Recht der Frauen

Ich will nicht, dass du den Mitleidigen für mich spielst
Sag nicht, ich bin schwach, ich bin eine Löwin, und wo bist du?
Ich will nicht mehr, dass du für mich Trauerlieder anstimmst
Mit diesen Zeilen haue ich dir schon genug in die Fresse
Schau nicht auf mein Kopftuch, es ist die pure Gewalt
Ich glaube nicht daran, dass die Lösung Warten heißt
Ich habe doch ein Recht auf Leben, ich bin doch ein Mensch
Sag mir, warum soll ich weniger sein als du?
Lass mich zwei Minuten reden wie eine Frau
Ein Mensch ist ein Mensch, versteh doch meinen Schmerz
So lange schon, die Geschichte lang, hat man mir meine Rechte gestohlen
Jetzt bin ich an der Reihe, die Alten sind längst gestorben
Du hast immer recht, das Gesetz ist auf deiner Seite
Das Gesetz sagt, schlag zu, und Schläge sind deine Worte
Dieser Schädel ist zum Brechen da, ja, es schmerzt, schlag zu
Du schlägst, und ich spreche doch, wir werden sehen, wer sich mehr abmüht
Ich will nicht, dass du ständig mein Weinen hörst
Dass du, wenn du die Hand erhebst, meine Angst siehst

Glaub mir, man hat aus den Büchern das Wort »Mann« gestrichen
Die Menschheit hat heute zwei Geschlechter, entweder Frau oder Schuft
Die Menschheit hat heute zwei Geschlechter, entweder Frau oder Schuft
Meine Waffe ist meine Stimme, sie erhebt sich, das ist das Recht der Frauen

Was bin ich für dich in dieser barbarischen Welt?
Ich werde reden und du wirst in die Knie gehen
Du wirst sehen, dass dir etwas fehlt, du wirst dich fügen
Das ist doch keine Menschlichkeit, wenn das Hirn im Unterleib sitzt
Es ist besser, dass ihr weiter wie Stiere grast
Die Geilheit ist euch das täglich Wasser und Brot
Liebe ist für euch lächerlich, nichts mehr als ein leeres Wort
Kind, das Haus deiner Eltern ist dir nichts als eine Heuhütte
Aber ich bin teuer, mein Preis ist hoch
Niemand kann einfach mein Blut vergießen, das ist Teil meines Wesens
Wenn dir danach war, bin ich dir eine Mutter geworden
Wenn Krieg war, hatte ich zu kämpfen, bin dir so eine Schwester geworden
Ja, diese gebrochene Frau ist deine Partnerin
Ja, diese Frau, die du nicht kennst, ist deine eigene Frau
Vergewaltigung heißt das, alles was du wolltest, hast du getan
Mich beleidigt, bedroht, verprügelt. Du wagst es, dich einen Mann zu nennen?

Es kommt der Tag, an dem du mir nicht mehr sagen
kannst, was ich anzuziehen habe
Ich bin keine Puppe, ich verkaufe nicht meine Persön-
lichkeit
Meine Kleidung wird sich ändern, doch das ist nur
äußerlich
Nur in deinem Kopf bleibt das alles so bis zum Ende der
Welt
Nun werfen sie mir keine Steine mehr an den Kopf
Niemand murmelt mir mehr Gruselverse in die Ohren
Ihr Perversen tretet meinen Körper nicht mehr mit euren
lüsternen Blicken
Das ist mein fester Entschluss, ein Sturm und Feuer
Das ist mein fester Entschluss, ein Sturm und Feuer

*Album »Illusion«, 2009*

## Erläuterung

*Wer das erste Mal nach Teheran reist, ist verblüfft, wie präsent Frauen im Stadtbild sind, wie selbstbewusst sie auftreten und wie modisch sie gekleidet sind. Das obligatorische Kopftuch ist manchmal nicht größer als ein Taschentuch, mehr Haar sichtbar als verborgen. Gerade in den Cafés im wohlhabenden Norden der Stadt, aber auch in der Nähe der Universitäten ist es für ausländische Besucher quasi unmöglich, mit diesen forschen, gut geschminkten Frauen nicht ins Gespräch zu kommen. In anderen iranischen Großstädten ist es nicht anders.*

*Der Bildungsgrad dieser Frauen, unter ihnen auch Rennfahrerinnen und Besitzerinnen von Fußballvereinen, ist im internationalen Vergleich überdurchschnittlich. Und genau diese Frauen formulieren ununterbrochen den Wunsch nach Freiheit und Gleichberechtigung. Dieser Wunsch manifestiert sich in der »Eine-Million-Unterschriften-Kampagne«, die seit 2006 trotz härtester Repressionen des Staates Unterschriften für die Gleichberechtigung der Geschlechter und gegen Gewalt gegen Frauen sammelt.*

*Es ist mit den Händen zu greifen, wie sehr die Machthaber die Frauen fürchten. Nicht umsonst ist eine »Männer-Quote« an den iranischen Universitäten eingeführt worden, die die Hälfte der Studienplätze für Männer vorsieht. Davor waren zwei Drittel der Studen-*

*ten Frauen – Tendenz steigend. Auch war die Härte des staatlichen Vorgehens nach der gefälschten Präsidentschaftswahl 2009 Frauen gegenüber keineswegs milder als Männern gegenüber. Physische Gewalt, Verhaftungen, Vergewaltigungen von Häftlingen – all das traf Frauen genauso wie die Männer.*

*Aber gerade in ärmeren Vierteln und in der Peripherie gibt es auch Elemente eines privaten Steinzeitpatriarchats, das weit über häusliche Gewalt hinausgeht. Die Steinigung ist wohl dessen barbarischste Form.*

*Am Anfang des Songs »Aus dem Mund einer Frau« sagt Shahin Najafi: »Wenn du wissen willst, wie es in einem Land um die Freiheit bestellt ist, dann frag die Frauen des Landes.« Er spricht den Satz auf Englisch, damit ihn so viele Menschen wie möglich verstehen können. Denn die Frage der Frauenrechte ist für ihn der Lackmustest für jede Gesellschaft. Welche sonst?*

# Eine Antwort auf missgünstige Menschen

Seitdem mein Name über meinen Freundes- und Bekanntenkreis hinaus bekannt ist, hat sich mein Leben verändert. Ich habe den Eindruck, ich bin in einer Art Fegefeuer. Mein Name, den ich so liebte, ist mir abhandengekommen. Wenn mich jemand irgendwo auf der Straße sieht und fragt: »Sind Sie nicht Shahin Najafi?«, stutze ich einen Moment und frage mich, ob ich wirklich noch Shahin Najafi bin. Oder nur noch ein Name, der wie jeder Name, der im Umfeld übel riechender Geschichten und im lahmenden Gedächtnis anderer ruht, ab und zu wiederholt wird. Die Namen kommen wie die Fliegen, aber die Verschlafenen verscheuchen sie mit einer Handbewegung aus ihrem müden Gedächtnis.

In einem Monat werde ich dreißig Jahre alt. Ein rebellierender junger Mann, der die ganze Welt infrage stellt. Und die Welt fragt zurück: Warum bist du nicht im Iran geblieben? Warum bist du geflohen?

Warum? Ich bin geflohen geworden. Ich bin verbannt worden. Später erst habe ich verstanden, wie willkommen unsere Abwanderung ist. Da sich das Regime sicher ist, dass wir wie die zu Fossilien erstarrten Flüchtlinge der vergangenen Jahrzehnte zugrunde gehen werden, dass wir das politische Gras wiederkäuen und uns im Westen in eine Art sesshafte Höhlenbewohner verwandeln werden. Vielleicht wird es auch tatsächlich so kommen.

Ich habe für mich selbst beschlossen, nirgendwo anzudocken. Mich nicht von dem, was ich im Iran gesungen habe, zu distanzieren. Ich bin ausgewandert, um das, was die Iraner im Herzen tragen, hinauszuschreien. Also habe ich geschrien und geschrien, und ich wurde gelobt und beschimpft. Mal bin ich schnell gegangen, mal langsam, manchmal habe ich den falschen Weg eingeschlagen. Manchmal bin ich müde geworden und zusammengebrochen. Diejenigen, die solidarisch mit mir waren, haben mich konstruktiv kritisiert, und diejenigen, die Kritik als Mittel der Zerstörung begreifen, haben Beschimpfungen geschrieben. Anstatt Geld zu verdienen und mich mit dem Privatleben zu begnügen, anstatt mich an den Möglichkeiten des wilden Westens zu erfreuen, habe ich mir hier in Deutschland einen Ort eingerichtet, der meiner feuchten, aus Holz gezimmerten Kammer im Iran ähnelt, mit denselben alten, von Ungeziefer zerfressenen Büchern und mit Freunden, die wie ich selbst sind: Streitsüchtige, Kranke und Ruhelose.

Also worunter leiden die uns übelwollenden Menschen? Unter unserem weltweiten Ruhm? Darunter, dass Millionen unseren Namen auf den Lippen tragen und Lobeshymnen singen? Oder unter unserem Reichtum, den wir aufgrund weltweiter Konzerte mit Hunderttausenden Besuchern in die Tasche gesteckt haben? Unter den mit Millionen Euro dotierten Preisen, die sie mir hinterherwerfen? Unter all den Stipendien, die mir von verschiedenen Universitäten angeboten werden?

Sagt, was beunruhigt euch missgünstige Menschen? Wärt ihr zufrieden, wenn ich mich von dem, der ich im Iran war, abwenden würde? Wenn ich für von unsinnigen

Liedern infizierte Ohren singen würde? Wenn ich mich selbst mit saftigen Schimpfwörtern bespucken würde? Wenn ich sagen würde, zum Teufel mit deinem und meinem Vater, ich pinkle auf das Blut von Neda und Sohrab und Taraneh?

Wärst du missgünstiger Mensch dann mit mir einverstanden? Oder soll ich die Worte so verschachteln, dass du bis zum Hals in der iranischen Scheiße stecken bleibst und nicht weißt, wie du herauskommen sollst? Soll ich dich mit Metaphern und Andeutungen an der Nase herumführen, damit du so gnädig bist, mir die Erlaubnis zu erteilen, zu singen?

Hunderttausend Leute wie dich tausche ich nicht gegen ein einziges graues Haar meiner Mutter, die mich am Telefon anfleht, nicht mehr zu singen, was ich singe. Sie erzählt, dieser und jener sei verhaftet worden, dieser und jener werde schikaniert.

Ja, du Dummer! Ich bin hier in Deutschland. Aber ich habe Verwandte und Bekannte im Iran. Du sagst, das Bild, das ich vom Iran zeichne, entspräche nicht der Wirklichkeit. In welcher Wirklichkeit lebst du denn? In welchem Zustand kommt dein Vater abends nach Hause? Kommt er überhaupt nach Hause? Hast du deine Schwester ins Haus des Glücks geschickt?[20] Weißt du, was es heißt, Schulden zu haben? Weißt du, was ein ungedeckter Scheck ist? Weißt du, was es bedeutet, wenn dein Bruder getötet wird und sie seinen Leichnam nicht zurückgeben? Weißt du, was es bedeutet, wenn deine Schwester und dein Bruder im Gefängnis erst gefickt und dann getötet werden? Ich

20 Persischer Ausdruck für »verheiraten«.

weiß es, du Idiot, ich weiß es! Als ich meinen Song über Taraneh Mousavi schrieb, habe ich mich gefühlt, als sei ich selbst vergewaltigt worden. Daher besitze ich heute solche Unmengen von Reichtümern! Und zig Villen! Und Autos! Und jeden Abend lasse ich in Klubs und Discos die Sau raus!

Warum muss ich abends so oft ohne Grund weinen? Warum rutscht mir das Herz in die Hose? Wegen dir, wegen eines Dummkopfs, den ich trotz allem liebe. Ich wünschte, du wärest hier und ich könnte dich umarmen. Damit ein Wunder geschieht und du verstehen könntest, dass ich mich schuldig fühle angesichts all des Leids im Iran, und dass ich für dich singe – nicht für all die Iraner hier, die nur ans Kaufen und Verkaufen denken, die zwar meine Songs hören, aber mich nicht verstehen.

Du fragst, wer diese Leute sind? Sie arbeiten hier im Westen, tragen zwanzig Kilo schwere Forouhar-Halsketten[21] und führen sich auf, als seien sie die »wahren« Iraner. Sie besuchen zweimal im Jahr den Iran und geben dort Euros, Dollars und Pfunde aus, ihre Konzerte, ihre Getränke und ihr Tschelo-Kebab[22] sind die besten – und das ganze Jahr über lesen sie kein einziges Buch. Aus der iranischen Geschichte kennen sie nur Kourosh[23] und vom Islam nur

21 Es handelt sich um Halsketten mit dem Engelssymbol aus der zoroastrischen Religion.

22 Iranisches Nationalgericht: Reis und am Spieß gegrilltes Lammfleisch oder Lamm- und Rinderhack.

23 Gemeint ist Kyros der Große (um 590 v. Chr. bis 530 v. Chr). Kyros weitete durch seine Expansionspolitik die Grenzen des altpersischen Reichs deutlich aus, das unter seinen Nachfolgern von Indien über Iran, Babylon, Kleinasien bis Ägypten reichte und bis 330 v. Chr. bestand, ehe es von Alexander dem Großen erobert wurde.

»Oh Ali!«-Rufe, ihr Patriotismus ist Geschimpfe, ihre Ehrenhaftigkeit ist Frauenfeindlichkeit, und ihre Politik ist es, hinter dem Rücken der anderen zu lästern, übereinander herzuziehen und diesen und jenen als Verräter und Spion zu bezeichnen. Bevor du uns kritisieren kannst, metzeln wir uns nämlich selbst nieder, das heißt, du bist spät dran, mein Lieber.

Glaub doch nicht, nur weil uns viele von denen zuhören, würden sie unsere Stimme wirklich hören. Wir sind eine Minderheit, denn wir meinen ernst, was wir sagen. Wir sind nicht in die Fremde gegangen, um Jasager zu werden. Wir sind die Spuren der Verneinung all dessen, was sie uns in das Gehirn gehämmert haben. Denn ich glaube weder an die Ehre, Moral, Keuschheit, den Anstand und die Zurückhaltung, von denen du redest, noch werde ich deine traditionellen religiösen Leichen wiederbeleben.

Du hast die Wahl: Entweder akzeptierst du mich oder du akzeptierst mich nicht. Du hast das Recht, mich nicht zu akzeptieren. Du hast das Recht, alles was du verdrängt hast, in dir zu einem Wutkomplex werden zu lassen, den du mit Beschimpfungen und Beleidigungen an uns weitergibst. Du bist frei.

Wenn du wenigstens das verstehen würdest, würde ich bei Gott, den ich nicht kenne, für dich beten.

Köln, August 2010

## Über Rebellion, Protestmusik und Tanz

Der Mensch wird in ein soziales Umfeld hineingeboren, in dem er langsam sich selbst und die ihn umgebende Welt zu erkennen beginnt. Von diesem Punkt an trifft der Mensch seine Wahl. Im Allgemeinen hört er auf, Fragen zu stellen, und akzeptiert das Leben so, wie es eben ist. Oder aber er macht aus dem Konflikt zwischen sich und der Welt einen masochistischen Kampf, dessen Abfälle und Späne er in die Welt schleudert. Ich bezeichne diese Art Menschen als rebellierende Menschen.

Die Kunst ist die natürlichste Form der Rebellion. Weil sie nicht – wie die Religionen und politischen Ideologien – die Metaphysik als Keule benutzt, um das Paradies im Himmel oder auf Erden zu versprechen. Weil sie keine Klassen und Schichten kennt. Weil sie alles in sich aufnehmen und ein Meer von heterogenen Elementen schaffen kann. Die Kunst ist ein Wiederkäuer des Lebens und fordert unsere ganze Existenz heraus. Menschen, die alles bloß herunterschlucken oder den Hals der anderen damit stopfen, haben nichts mit Kunst zu tun.

Die iranische Musik war allerdings niemals in ihrer Geschichte rebellisch. Was wir im Iran traditionellerweise unter Protestmusik verstehen, ist ein Missverständnis. Weil Menschen, die in einem politischen System ohne demokratische Strukturen leben müssen, außerstande sind, innovativ zu denken. Es ist purer Blödsinn, zu glauben, unter Diktatur und Repression würden Talente gedeihen. Selbstverständlich gab es immer einzelne große, politisch rebellierende Künstler, die ihre Zeit herausforderten. Aber unter der Repression stehen Kunst und Philosophie insgesamt immer unter der Knute der Politik. Und so genügt es, einen oberflächlichen Blick auf die Lieder und Songs der älteren Generationen zu werfen, um festzustellen, wie sie in Metaphern, Allegorien und Unklarheiten ertrinken. Aber wie soll man die Brutalität der heutigen Welt mit den leeren Phrasen der letzten Jahrhunderte darstellen? Wie über Rassismus, sexuelle Diskriminierung, Frauenfeindlichkeit, Armut und Prostitution mit traditionellen Klagemelodien im Dreivierteltakt singen? Künstler, die Dinge produzieren, deren Verfallsdatum schon längst erreicht ist, nutzen lediglich die sentimentalen Gefühle der Menschen aus.

Selbstverständlich darf es weiterhin Trauergesänge geben, aber mit Protestmusik haben sie nichts zu tun. Protestmusik, so wie ich sie verstehe, unterscheidet sich von Grund auf vom altbekannten Klage- und Trauergesang. Die Sänger, Songschreiber und Musiker, die ich im Kopf habe, sind die offenen Augen der Gesellschaft. Sie betäuben die Menschen nicht, sie fordern alles heraus, was im Widerspruch zum Menschen steht. Alles, was zur zeitgenössischen Existenz der Menschen gehört, wird für sie zum Kampffeld. Sie sorgen dafür, dass die Menschen tanzen und weinen, sie wühlen die Menschen auf und besänftigen sie. Auf diese Weise werden die Feinde, aber auch die Freunde, die die Künstler des Protests auf das rein Politische reduzieren wollen, entwaffnet. Denn die Protestmusik nimmt weder auf ihre Gegner noch auf ihre Anhänger Rücksicht.

Ich habe in der letzten Zeit immer wieder Mails erhalten, in denen mir Leute vorwerfen, dass ich dem Tanz das Wort rede. Einer wie ich, ein Protestsänger, soll die Leute nicht zum Tanzen bringen. Ich kann mir denken, wo ein paar grundsätzliche Streitpunkte liegen. Die Leute denken, Tanzen sei etwas Unanständiges, Billiges, man könne es nicht als Kunstform akzeptieren.

Dabei ist die Geschichte der Musik und des Tanzes wie die Geschichte von der Henne und dem Ei. Beide Künste sind dermaßen miteinander verflochten, dass es unmöglich ist, festzustellen, welche zuerst entstanden ist. Und man muss schon die Katze aus dem Sack lassen: Rap-Musik ohne Tanz ist wie eine von Mama genähte Unterhose ohne Gummi.

Und der Tanz hätte in der Welt der Künste mit Sicherheit viel zu erzählen. Es würde schon genügen, wenn man die traditionellen gilanischen und aserbaidschanischen Tänze kennen würde, um einen winzigen Bruchteil der Freiheit im iranischen Tanz zu entdecken. Da findet man schon jenen Schmerz, der sich in einer zitternden Bewegung in alle Winkel des Körpers von Tänzern wie Shahrokh Moshkin Ghalam[24] ausbreitet. Er tanzt und weiß, was für eine Provokation er ist für die Leute, die ihre Behauptung, Intellektuelle zu sein, in die ganze Welt hinausposaunen. Diese gescheiterten Kreaturen, die Protest mit Wehgeschrei verwechseln, die den Geist mit Haut und Haaren gefressen haben, aber dennoch völlig falsch liegen, diese Säkularen,

24 Shahrokh Moshkin Ghalam ist ein moderner Tänzer, Choreograf und Regisseur aus dem Iran, der in Paris lebt. Er hat mit Ariane Mnouchkine zusammengearbeitet und gründete mit der Nakissa Art Company eine eigene Tanztruppe. Im April 2012 trat er gemeinsam mit Shahin Najafi bei einem Konzert in Düsseldorf auf.

denen man ihre Religiosität an der Nasenspitze ansieht, die klassische Musik hören und ihre Kehle mit Gedichten von Ahmad Shamlou gurgeln – vielleicht haben sie sogar das »Kapital« gelesen. Die sich einen Stalinbart wachsen lassen, damit ihre Erscheinung imposanter wird – dabei sind sie winzig klein. Sie sind so klein, dass selbst ein Knirps wie ich die Hose herunterzieht und ihnen vor die Füße scheißt. Ich spreche von den zu Stein gewordenen Flüchtlingen der vergangenen Jahrzehnte, die um die Opfer von 1988 trauern[25] – und dann behaupten, dass sie von Rap-Musik Kopfschmerzen bekommen ...

Nein, ihr Lieben, wir tanzen. Wir schreien und tanzen, aber in unserem eigenen Stil, nichts und niemandem waren und sind wir ähnlich. Wir tanzen wild. Wir sind sündig und ausschweifend. Traurig hauen wir auf die Pauke. Wie Dionysos spucken wir auf die Welt, alle versteinerten Traditionen, Verhaltensweisen und Gewohnheiten der älteren Generationen hauen wir ihnen um die Ohren. Unser Kummer ist zornig und rebellisch. Unser Rap ist nicht artig. Denjenigen, die das nicht verstehen, raten wir, Abstand davon zu nehmen.

Aber was geht es uns an, wenn manche im Publikum uns missverstehen und nur ihren Spaß haben wollen? Wir

25 Die Massenhinrichtungen politischer Gefangener im Jahre 1988 begannen am 19. Juli 1988 in der Regierungszeit von Premierminister Mir Hossein Moussavi. Die Hinrichtungen erstreckten sich über einen Zeitraum von fünf Monaten. Die genaue Zahl der Hingerichteten ist nach wie vor unbekannt. Sicher ist, dass mehrere Tausend zum Tode verurteilt wurden. Durch wissenschaftliche Untersuchungen konnte belegt werden, dass die Planungen für die Massenhinrichtungen bereits Monate vor den eigentlichen Hinrichtungen erfolgte. Nach einem Bericht wurden die politischen Gefangenen nach der Zugehörigkeit zu ihrer politischen Gruppierung und der Länge ihrer Haftstrafen selektiert.

haben immer gesagt, dass wir nicht viele sind. Dass uns nicht daran gelegen ist, die Ohren der anderen durchzupusten. Wir sind Suchende. Nur diejenigen, die selbst Suchende sind, verstehen, was wir sagen und was wir wollen. Wir sind die Boshaften, wir sind die Rebellen. Wir spüren, wer unsere Freunde sind, auch ohne mit ihnen zu reden. Diese Freunde verstehen ohne Erklärung, dass ich bei einem Song wie »Sale Khoon« nicht weiß, ob ich weinen oder lachen, ob ich tanzen oder meinen Kopf gegen die Wand schlagen soll.

Unsere Geschichte ist die traurige Geschichte derjenigen, denen die Erfüllung elementarer menschlicher Bedürfnisse vorenthalten wird. Wir suchen unsere Ideale aber nicht in den Wolken. Wir wissen, dass unsere Forderungen nicht ungewöhnlich und unerfüllbar sind. Wenn ich mit gleichaltrigen Europäern rede, merke ich, wie alt ich im Vergleich zu ihnen bin. Wie wenig ich gelernt habe, frei zu sein. Wie wenig ich das Leben genossen habe und wie viel Abfall und unnützes Zeug ich in meinem Gehirn angehäuft habe. Das tut weh. Meine befreundeten Kollegen kennen diese Schmerzen und spucken wie ich der Welt ihre eigene Geschichte und die ihrer Generation mit Dichtung und Musik ins Gesicht.

Köln, 2011

# Wir sind die Chaoten
## Ma sharrim

Es ist nicht meine Art, mit dir zu battlen
Ich will dich nicht dissen in diesem Track
Wenn die Rhymes vor deinen Augen marschieren, reim' lieber was
Sing im gleichen Takt wie ich, sag nicht, es wär' schon genug
Willst du, dass ich mit dir battle?
Damit sie sagen, was soll der ganze Scheiß?
Sprich von der Qual, wenn du ein Rapper bist
Das ist es, worum es bei uns geht
Es geht nicht um Verse, die grad mal zwei Tage halten
Und schon gelten sie nicht mehr, weil sie veralten
Rap ist was wert mit deinen Versen
Denn auf die Texte kommt es an
Wenn ich singe, dann nicht der Zerstreuung wegen
Denn wo ich in dieser Welt stehe, da ist es kalt
Aus meinen Worten spricht das Herz eines Riesen
Es geht mir nicht um Ruhm und Geld
Es ist das Elend, das sie hervorbringt
Die um mich standen, hab ich längst abgehängt
Mit Rap bringst du's zu nichts, haben sie gemeint
Ich solle lieber Pop singen, haben sie gemeint
Sollen sie doch Pop singen, ich bleibe beim Rap
So bring ich es vom Unteroffizier bis zum General
Ich werde dem Farsi-Rap einen Sinn geben

Diesem Rap, der ohne mich so leicht dahinsiecht
Das heißt, ich setze mein Leben aufs Spiel, damit der Rap etwas werden kann
Für den Rap und was ich sage
Wollen sie mir an den Kragen
Einen Rap, der was zu sagen hat
Und den die Leute wollen
Unser Rap, Rock, Jazz und Blues, das sind Geschwister
Ich weiß, was ich sage, und soll jetzt dafür büßen
Denn sie sagen, die Stadt ist belagert und die Pest breitet sich aus
Ein Rap, der über das Elend der Menschen hinwegsieht, hat keinen Sinn, Alarm muss er schlagen
Das ist echter Rap, darauf kommt es an
Bei diesem harten Rap kommen auf zwei Freunde hundert Feinde
Du musst lernen, beim Rap
Kannst niemandem vertrauen, nicht mal mir
Was ich sage, das wird erst morgen einen Sinn finden
Hab keine Angst, leg den Dolch zur Seite, nimm die Feder zur Hand
Das Ziel ist nicht der Battle, dieser Kampf tut uns nicht gut
Es ist egal, wer als Master dasteht
Ich bin kein Sohn, der mit vollem Bauch redet
Augen auf und Ohren gespitzt, mach mir jetzt ja nicht schlapp!
Unser Rap ist kein Viva-TV-Rap
Keine Hintergrundmusik zur gemütlichen Popcorn-Knabberei
Hier geht's um Elend, Schmerzen, Folter und Kerkerhaft

Und wer das erlebt hat, für den sind meine Worte nicht
schleierhaft
Sollen sie doch versuchen, den Rap niederzumachen
Sollen sie sagen, es wäre nichts als Fuckfuckfuck
Ja, wenn es darauf ankommt, sagen wir auch mal Fuck
Dann kapiert's auch der letzte Sack
Sollen sie doch versuchen, den Rap abzuwürgen
Sollen sie sagen, das interessiert kein Schwein!
Warum? Weil bei euch Tanzmusik angesagt ist?
Gut, das ist nicht schwer, komm, willst du zum Rap
tanzen?
Aber von Baba Karam war nicht die Rede
Sonst bist du wieder da, wo du schon einmal warst
Zwei Dinge fließen in deinen Adern, lass es mich ohne
Umschweife sagen:
Baba Karam und Trauergesang
Alles klar, jetzt hoch die Hände!
Aber verlange von mir nix mit Rosen und Nachtigallen
Lass doch die Verse tiefgründig sein, die Metaphern
bleiben!
Weißt du, ich bin nun einmal so, ich bin nicht käuflich
Sonst wäre ich im Iran geblieben, hätte für's Ministerium
gesungen
Stattdessen bin ich auf meinem Weg hierher durch die
Hölle gegangen
Wenn ich von Armut rede, so habe ich das selbst
erlebt
Ich habe für meine Überzeugung Schläge eingesteckt,
mein Blut ist geflossen
Lass es mich klipp und klar sagen:
Nun bin ich frei von der Gewalt der Regierungen
Was ich tue, dafür stehe ich ein

Das habe ich mir schon lange geschworen
In meiner Hand die Feder, die Zunge ist mein Schwert
Ich setze die Regierung ein: Heh, Männer, Gott ist doch groß!
Diese Worte sind gefährlich wie angereichertes Uran
Lass es mich klipp und klar sagen: Alle halten die Luft an
Sie schweigen. Nutze du deine scharfe Zunge als Schwert
Wage es und sei ein Chaot! Mach die Augen auf!
Und lass dich nicht verarschen!

*Album »Ma Mard Nistim«, 2008*

## Erläuterung

*Kaum eine Musikrichtung ist den iranischen Sittenwächtern so sehr ein Dorn im Auge wie der Hip-Hop. Schließlich verkörpert er mehr als alles andere die verhasste amerikanische Kultur, zumal Rap-Texte meistens frech bis rebellisch sind. Der iranische Rap ist also per se, auch im rechtlichen Sinne, »Underground«. Und darum geht es in »Wir sind Chaoten«. So wie der Begriff der »Chaoten«, in den Sechzigerjahren der Kampfbegriff der konservativen Presse, von den Studenten adaptiert wurde, so macht sich auch Najafi diesen zu eigen.*

*Najafi verwendet den Begriff »Sharir«, der wörtlich übersetzt eher »böse« oder auch »Aufrührer«, »Rebell« bedeutet und im Iran für die Kritiker der Islamischen Republik genutzt wird, um sich, seine Musik, den Rap an sich zu beschreiben. Und er grenzt sich ab gegen die traditionelle iranische Dichtung der »Rosen und Nachtigallen«. Aber auch gegen traditionelle Tanzarten wie »Baba Karam«, ein alter lasziver Tanz, der mit seinen kleinen, ruhigen Bewegungen quasi das Gegenteil von Breakdance, der Tanzform des Hip-Hops, ist.*

## Ich laber Dreck
Daram Chert Migam

Ich und die Armut, wir sind Geschwister
Schritt für Schritt, selbst in Europa, sind wir untrennbar
Man sagt, unser Bruder ist im Westen, man sagt nicht »in der Fremde«
Sie sagen, Bruder, du bist doch berühmt
Ich sage, ich spucke auf diesen Ruhm
Ich spucke auf die Seele meines Vaters, der keine Erbschaft hinterließ, weil ihm die Groschen fehlten
Hätte er doch Scheiße gefressen, statt Kinder zu zeugen
Wie Unkraut in dieser verfluchten Welt
Jeder, dem nichts Besseres einfällt, schlägt mir auf den Kopf, mit beiden Händen
Bei dieser verdammten Uni-Aufnahmeprüfung sind meine Haare ergraut
Dann schmeißen sie mich raus, wie einen Hund
Jeder, der Arzt wird, schreibt dir ein Rezept
Dir wird schlecht davon, du lernst alle zu hassen
Eine liebt dich, vielleicht ist das Balsam auf deine Wunden
Doch wenn dir die Kohle fehlt, wie viel kostet dann ein Kilo Liebe?
Sie sagt, Geld allein macht nicht glücklich
Ich sage, wenn es dir aber fehlt, bist du unglücklich

Wenn wir mal an der Reihe sind, dann heißt es nur,
Geld ist schmutzig und Dreck
Als wären wir die Bösewichter in dieser Geschichte
Als wäre unsere Armut eine Ehre
Übrigens ist genau das, was mir fehlt, die Ehre
Hätte ich Ehre im Leib, wäre ich wie die anderen ein
Dieb
So aber muss ich schon für die Aufnahme zweier Tracks
alles geben, was ich habe
Hätte ich Ehre im Leib, sänge ich irgendeinen Dreck
Beugte ich mich dem Ershad, bliebe im Iran

Ich laber Dreck, ich laber Dreck
Er ist aber die Wahrheit, er ist bitter, er ist aber die
Wahrheit

Es macht keinen Unterschied, der Himmel hat überall
die gleiche Farbe
Nur ist auf dieser Erde ein Ort hässlich, ein anderer
schön
Nur sind auf dieser Erde manche satt und haben viel
Manche haben Hunger und legen sich abends mit
leerem Magen hin
Manche verdienen Geld auf allen möglichen Wegen,
werden Milliardär
Das heißt, die anderen, die nichts haben, müssen halt
sterben
Das heißt, Gedichte und Dichtung sind dummes
Gerede
Man wird von Worten nicht satt, oder? Wann denn?
Weißt du, was Armut ist? Sie kennt kein Pardon
Mittellosigkeit, Armut sind überall gleich

Jede Menge Deppen, dumm wie die Kühe, spielen sich vor dir auf
Jede Menge Schwächlinge, Charakterlose, werden zu Rostam, dem Held der Sage
Schau mal eine Runde um dich herum, da kannst du kotzen
Du bist allen überlegen, aber du hast kein Geld, das macht dich fertig
Wenn du nichts hast, ist das Leben überall scheiße
Wer die Kohle hat, kommt weiter, und du trittst auf der Stelle
Wenn du nichts hast, wird dir selbst deine Frau fremd
Du siehst, dass sie dich ignoriert, frag nicht, was mit ihr los ist
Wenn du nichts hat, bist du klein, dir bleibt nur der Tod
Wenn du gezwungen bist, für die Miete Geld aus-zuleihen
Wenn dein Bruder für das Geld Schuldscheine verlangt
Wenn dein Freund dich verarscht und sich dabei vor Vergnügen wälzt
So, dass die Wut sich allmählich in dir staut
Der Sinn der Liebe und Herzlichkeit aus deinem Körper verfliegt
Du weißt, dass jedem auf irgendeine Weise irgendetwas fehlt
Niemand ist glücklich, jeder hat in dieser Welt irgend-einen Kummer
Jeder ist in seiner Welt für sich selbst unterwegs
Also spielen die Leute umsonst die Samariter
Also ist alles sinnlos

Wenn sie echte Männer sind, wissen sie, wie es um ihre
Frauen bestellt ist
Wenn sie Frauen sind, weiß ich, wie es um ihr Weinen
bestellt ist

Ich laber Dreck, ich laber Dreck
Er ist aber die Wahrheit, er ist bitter, er ist aber die
Wahrheit

*Album »Sale Khoon«, 2010*

## *Ich laber Dreck*

*Erläuterung*

*Die wirtschaftliche Lage im Iran ist desolat. Das verwundert auf den ersten Blick, ist der Iran doch ein Land voller Rohstoffe und einer breiten Schicht gebildeter junger Frauen und Männer. Für die dahinsiechende Ökonomie gibt es allerdings handfeste Gründe:*

*Die Regierungen der letzten Jahre – allen voran unter Ahmadinedschad – haben in erster Linie ihre Inkompetenz in wirtschaftspolitischen Fragen bewiesen. So hat Ahmadinedschad beispielsweise den Chef der Zentralbank entlassen, weil er den Leitzins anheben wollte, um die Inflation zu bekämpfen. Was eine ökonomische Binsenweisheit aus jedem VWL-Proseminar ist, war für den Präsidenten aber der Beweis der Lobby-Arbeit des Bankers für die »Wucherer«.*

*Zudem grassiert die Korruption. Es ist im Alltag kaum möglich, einen Verwaltungsakt zu vollziehen, ohne dafür inoffiziell zahlen zu müssen. Außerdem haben über drei Jahrzehnte wirtschaftliche Sanktionen des Westens zur Misere der iranischen Wirtschaft beigetragen. Das führt unter anderem dazu, dass kaum ein Erwerbstätiger aus dem Mittelstand seine Familie mit einem einzigen Job ernähren kann. Der Klassiker ist der schlecht bezahlte Beamte, der nach Feierabend mit seinem Privatfahrzeug Taxi fährt. Am schlimmsten trifft es jedoch die gut ausgebildete, perspektivlose Jugend, deren reale Arbeitslosigkeitsrate bei über 50 % liegt.*

# Als
## Vaghti Ke

Als das Kondom kaputtging, war das hässlich, war das
  schlecht
Als ein Offizier der Revolutionswächter eine Fälschung
  von Mohammad war
Als Heroin und Spritze zielgerichtet waren
Als die Schmerztabletten Schmerz verursachten
Als kein Krieg war, stand das Dach unter dem Bombar-
  dement des Regens
Als kein Krieg war, standen die Gehirne unter Bom-
  bardement
Als Dracula für meinen Bruder die Patrouille war
Als das Zentrum der Welt für mich die Provinzstadt
  Rasht war
Als die Revolution entgleiste, kam sie in Khavaran
  an
Als die Briefe der Geistlichkeit in Khomeinis Residenz
  ankamen
Als die Frau, die noch keine Frau war, Mutter wurde
Als die Freundin vom Freund meiner Schwester eine
  Schwester war
Als die Kopftücher der Schülerinnen wie die Lippen
  eines Kamels aussahen
Als die Kämpfer für Hossein das Motorrad fahrende
  Gesindel waren

Als du und die Trauer und die Ironie, die traurige Ironie da waren
Als du und eine Herde von durchgefallenen Gelehrten da waren
Als du und die Reue und vorsichtige Gedichte da waren
Als du und der Gedanke auf diese Welt zu pissen da war

Als die Erdbeeren und Bananen im Paradies kostenlos wurden
Als die Liebkosung mit den Augen und Brüsten versteckt wurde
Als Tom Jerry zerquetschte und bis zum letzten Stück auffraß
Als die Monatsblutung eines Mädchens die Gedanken an meine achtzehn Jahre fortnahm
Als wir durch die Schwärze der Liebe hohl geworden sind
Hast du gesehen, wie wir mit der kaputten Stimmgabel gestimmt werden?
Als ich in Gedanken an dich mir in die Shorts und auf den Gebetsteppich spritzte
Als meine zwanzig Jahre in eurer Gasse Alarm auslösten
Als unser Dichter Shamlou keine Füße hatte und der Lehrer dein Tausendfüßler war
Als der andere Dichter Nossrat nicht am Schreibtisch saß, sondern auf dem Bett alleine lag

Als du und die Trauer und die Ironie, die traurige Ironie da waren
Als du und eine Herde von durchgefallenen Gelehrten da waren

Als du und die Reue und vorsichtige Gedichte da waren
Als du und der Gedanke auf diese Welt zu pissen da waren

Als die Reformer plötzlich doch Reformisten waren
Als die Revolutionäre klein beigaben oder weniger geworden sind
Als die Bärte zu Bärtchen wurden und die Wurzeln unter die Axt kamen
Als die Revolutionswächter politische Geschäfte machten
Als Musiker wie Fereidoon an einer Überdosis starben
Als zwanzig Millionen Stimmen vom Winde verweht wurden
Als die Gewänder schokoladenbraune, weiße und gelbe Farbe hatten
Als wir frei waren und die Freiheit die Form von Schmerzen hatte
Als die Filmemacher Schlagstöcke trugen
Es war kein Kino, es war ein Zirkus, voller Geschenke und Blumen

Als du und die Trauer und die Ironie, die traurige Ironie da waren
Als du und eine Herde von durchgefallenen Gelehrten da waren
Als du und die Reue und vorsichtige Gedichte da waren
Als du und der Gedanke auf diese Welt zu pissen da waren

Als meine Frau und deine Tochter und eure Mutter Edelnutten hießen

Als der Rap aus dem Hals jedes Deppen ausgekotzt
wurde
Als Marx als Gespenst über dem Kopf von Derrida
schwebte
Als Dalí auf dem Dach von Frida Kahlo saß
Als Hossein das Weiße Haus besaß und zu Barack
wurde
Als Vertreter Irans in den USA zum »National Iranian
American Council« wurden
Als wir über die Politik lachten und die Politik über uns
lachte
Als die Ironie Parasiten hatte und die Frequenz schlecht
war
Als die Menschenrechte ein Spiel und eine Strategie
waren
Als die Heimat nur noch alte Perserkönige, Tschelo-Kebab
und Nostalgie war
Als ... das »Als« endlich geschah
Zeigte uns jemand seinen Stinkefinger hinter dem
Vorhang

Als du und die Trauer und die Ironie, die traurige Ironie
da waren
Als du und eine Herde von durchgefallenen Gelehrten
da waren
Als du und die Reue und vorsichtige Gedichte da waren
Als du und der Gedanke auf diese Welt zu pissen
da waren

*Single, 2011*

## Erläuterung

*Die Geschichte der Schia ist ohne die Geschichte des dritten Imams, Imam Hossein, nicht zu verstehen. Hossein ist nach schiitischer Überlieferung mit seinem 72-köpfigen Clan gegen die Herrschaft des Usurpators Yazid angetreten. In der Wüste von Kerbela im heutigen Irak wurde sein Aufstand niedergeschlagen. Hossein wurde zum Symbol des kämpferischen Märtyrers. Sein Todestag Aschura wird jedes Jahr in allen iranischen Städten mit einer festen und großen Zeremonie begangen. Hossein ist das Symbol für das schiitische Verständnis von Heldenmut, weil er eher bereit war zu sterben, als sich Tyrannei und Unterdrückung hinzugeben.*

*Gerade an den Tagen um Aschura gehen viele Menschen auf Friedhöfe, um ihrer Toten zu gedenken. Einer dieser Friedhöfe ist Khavaran in Teheran. Er ist traditionell religiösen Minderheiten wie Christen, Hindus oder Bahai vorbehalten. Hier sind aber auch Tausende politisch Hingerichtete begraben, vor allem diejenigen, die in dem Massaker des Jahres 1988 in den Gefängnissen umgekommen sind. Viele sind auch anonym begraben. Dennoch geschieht es immer wieder, dass das Regime Gräber von namentlich bekannten Toten in Khavaran mit Bulldozern versteckt. Politisch anders Denkende werden im Iran nicht einmal nach ihrem Tod in Ruhe gelassen.*

# Satzung der Rebellen[26]

Für die Schwachen bedeutet eine Niederlage, eine Runde zu verlieren, für die Mächtigen bedeutet sie, Erfahrung zu gewinnen.

Übernimm für jede süße oder bittere Erfahrung stets selbst die Verantwortung. Die anderen stehen neben dir.

Der Anhänger und Mitläufer ist ein Heuchler. Sei du selbst. Der Führer, die religiöse Instanz und ihr Oberhaupt sind nichtig.

Vergiss Gott und den Satan. Denk an den Menschen.

Hinterfrage Religion und Politik, Nationalität und Tradition. Sie sind wie Kaugummi, aber kein Essen.

Es ist nicht wichtig, wie viel du weißt, du musst nur wissen, wie du dein Wissen anwendest.

Sei freundlich, ohne Erwartungen zu hegen, aber nur gegenüber Leuten, die es verdient haben. Und beantworte Freundlichkeit mit vielfacher Freundlichkeit.

26 Hier verwendet Shahin Najafi erneut den Begriff »Sharir«, der im Iran für die Kritiker der Islamischen Republik genutzt wird.

Übernimm Verantwortung gegenüber dir selbst und deiner Umgebung, zuerst und mehr als gegenüber allen anderen gegenüber dir selbst.

Betrachte dich niemals als edler und besser als die Tiere.

Nur eine schmale Linie trennt Leiden und Genuss. Die größte Sünde ist der Glaube an die Sünde.

Zweifle stets, damit dein Vertrauen nicht zerbricht.

Reiche jedem die Hand, aber mit Handschuhen.

Liebe die Frauen. Verstehe die Männer. Iss die Frauen. Käue die Männer wieder. Keine Frau hat es verdient, dass man sich ihr unterwirft, um mit ihr zu schlafen. Kein Mann hat es verdient, dass man mit ihm schläft, um seine Liebe zu erringen.

Kinder sind die unschuldigsten und liebsten Menschen, daher liebe sie.

Kein Mensch hat das Recht, dich von deinem Verlangen abzubringen, es sei denn, du bist schwach oder unwillig.

Die kleinen Feinde sind die großen Freunde von morgen und die kleinen Freunde sind die großen Feinde von morgen.

Die Dinge, die dir am liebsten sind und die dich schwächen, sind die gefährlichsten Dinge.

Sei wie der Skorpion, am Ende einer brennenden Sackgasse töte dich mit deinem eigenen Stich. Sei wie der Shahin, zeige dich aber nur von Weitem. Bau dein Nest in den Höhen.

Ein Mensch, der hasst, kann nicht vorsichtig sein. Wenn er es wäre, müsste ihm der Hass Freude bereiten. Wenn er ihm Freude bereiten würde, müsste er daran glauben, und wenn er daran glauben würde, müsste er ihn weitergeben. Wenn er ihn weitergeben würde, wäre er dumm.

Die Ergebenen sind entweder Gauner oder Schwächlinge. Sei stolz. Sei nicht egoistisch. Behaupte dich. Sei nicht scheinheilig.

Es ist nur ein Gesetz unveränderbar: Kein Gesetz ist unveränderbar.

Ich bin ein Rebell bis zum Tod.

Köln, 2010

*Veröffentlicht auf Facebook für Shahin Najafis Fans*

# Anna I

Bist du wach, Anna? Es ist Mitternacht und ich bin immer noch wach. Kannst du dich daran erinnern, wie ich dir als Fünfzehnjähriger von mir, meinen Gedichten und dem, was in meinem Kopf vor sich ging, erzählt habe?

In einigen Monaten werde ich dreißig, und in einigen Jahren wird das, was ich hier schreibe, wie all meine anderen Texte, in der Masse von anderen Worten und Noten untergegangen sein. Ähnlich wie damals am Strand von Bandar Anzali, wo wir irgendetwas in den Sand geschrieben hatten, und die Wellen kamen näher und das Geschriebene verging, wie auch wir vergehen werden. Dieser Gedanke tröstet mich.

Denn inzwischen schreibe ich voller Angst. Ich kontrolliere mich. Ich lerne, nicht alles auszusprechen, was ich denke. Ich habe einen Punkt erreicht, an dem mir selbst eine Wand verdächtig vorkommt. Ich fühle mich ständig auf der Flucht, von diesem zu jenem. Ich urteile über die anderen, am Ende werde ich selbst verurteilt. Dann werde ich dastehen und mit Tränen in den Augen lachen.

Ja, ich habe mich verändert. Ich habe mich in eine Figur verwandelt, die den Spiegel meidet. Ich existiere nur noch, um von den anderen gesehen zu werden. Um das zu machen, was die anderen von mir wollen. Und bevor ich mich versehe, werde ich um meinen eigenen Leichnam weinen. Was macht es für einen Unterschied, ob das Regime den Boden mit deinem Blut tränkt oder ob du dir selbst –

wie Mehdi Mousavi, Fatemeh Ekhtesari und Yaghma Golrouee[27] – den Hals mit blutigen Gedichten stopfst und an deiner Stimme erstickst.

Du siehst, Anna, ich bin abermals vom rechten Weg abgekommen. Hinter einer Mauer aus Menschen – ich weiß, es sind viele – suche ich verzweifelt Zuflucht in der Höhle meiner Gedichte.

Ich muss an Amir Javadifar denken. Der Bruder aus Rasht ist fort, einfach verschwunden.[28] Da siehst du, wie leicht das Sterben ist. Und wo ist Hossein Ronaghi? Kennst du ihn? Er ist Ende zwanzig, Blogger und Musikfan. Und er kennt sich aus mit den Filtering-Programmen des Regimes. Damals, 2009, konntest du meine Lieder nur hören, weil dieser junge Held unermüdlich gegen die Internet-Zensur kämpfte. Damit du Zugang zu einem Lied, einer Nachricht hast. In welcher Gefängniszelle sitzt er jetzt? Welche seiner Nieren funktioniert nicht mehr? Schlägt sein Herz noch? Gibt es unter den Beleidigungen und Schlägen der herzlosen Männer noch ein Leben für ihn?[29]

Anna, ich bitte dich: Verzeih mir, dass ich lebe. Mit dieser Bitte versuche ich mein Schuldgefühl zu beruhigen. Es ist absurd, dass du dich wunderst, dass es mir nicht gut geht. Im Gegenteil: Wenn es mir gut ginge, dann müss-

27 Es handelt sich um junge Dichter und Musiker, die derselben Generation wie Shahin Najafi angehören.

28 Der 24-jährige Amir Javadifar wurde am 9. Juli 2009 während einer friedvollen Demonstration verhaftet. Zwei Wochen später informierte das iranische Regime Amirs Familie über seinen Tod.

29 Der Blogger und Menschenrechtsaktivist Hossein Ronaghi war während der Unruhen nach der Präsidentschaftswahl von 2009 verhaftet und zu 15 Jahren Haft verurteilt worden. Nach 32 Monaten Haft ist er im Juli 2012 gegen 500 000 Dollar Kaution in einen medizinisch begründeten Hafturlaub entlassen worden.

test du dich wundern. Ich jedenfalls bin erstaunt, wenn ich trotz allem manchmal fröhlich bin.

Anna, sag du, was ich machen soll. Soll ich die Augen gegenüber meinem Land verschließen und vergessen, woher ich komme? Warum ich nach Deutschland gegangen bin? Das kann und will ich nicht. Manchmal schäme ich mich, wenn sich ein Iraner neben mich stellt, egal ob auf der Straße oder bei einem Konzert, und ein Foto mit mir schießen will. Mit mir! Mit diesem fehlkonstruierten Wesen, das aus seinem Maul Feuer und Dreck in die Luft schleudert. Einem Tier, das sich nicht zu Gottes Diener macht und eine Zeit verkündet, in der es außer der Luft zum Atmen nichts mehr zu verlieren hat.

Du schreibst: »Weil du so redest, unterstellen sie dir, dass du dem Selbstmord das Wort redest und den Satan anbetest.«

Ich propagiere nicht den Selbstmord. Aber du kannst auch nicht von mir erwarten, dass ich das Leben preise. Der arme Satan ist auch nur ein armer, unglücklicher Verbannter wie ich. Ein Rebell und Unbeugsamer, der den Gebetsteppich verlassen hat, seine Schuld ist der Versuch, aufzuklären. Ein solches Wesen verdient aber eher Mitleid als Anbetung.

Gott oder der Satan – was für einen Unterschied macht das? In einer unter Aberglauben leidenden Gesellschaft ist es gleichgültig, ob die Menschen Gott oder den Satan fürchten. Hauptsache man platziert ihnen ein Gespenst vor die Tür. Damit kann man, ganz wie es beliebt, jeden nach seiner Pfeife tanzen lassen.

Es gibt nur zwei Wege. Entweder man muss für immer und ewig vor ihnen und ihren Geschichten fliehen oder man muss seine Nase tief in ihre Angelegenheiten stecken. Ich habe mich dafür entschieden, meine Nase hineinzustecken. Ich mache mich lustig über ihre Erzählungen. Ich schleudere Dreck dagegen. Ihre Waffe ist es, die sogenannten heiligen Begriffe und Schriften für ihre Zwecke zu instrumentalisieren. Nehmen wir ihnen einfach diese Instrumente weg, dann gehören sie uns. Auf ihrem Feld zu spielen ist pure Dummheit. Klauen wir lieber den Ball und spielen auf unserem eigenen Feld, nach unseren eigenen Regeln. Dann steht die Zahl 666 nicht mehr für Satan. Dann steht sie für denjenigen, der einzig und allein den Menschen anerkennt und kein Wesen außerhalb des Raums und der Zeit.

Alle Religionen befinden sich in Feindschaft zum Menschen. Sie dienen nichts anderem, als die Menschen auszubeuten. Irgendwo habe ich gelesen: Die Softwarefirmen, die Antivirenprogramme anbieten, sind die Hauptakteure in der Verbreitung von Computerviren. Merk dir das, wenn du an die Religion denkst.

Und frag nicht, warum ich böse geworden bin. Wie sollte ich nicht, wenn alle anderen die Guten sind? Wenn Drogen, Sex, Frauenhandel und Waffen weltweit die profitabelsten Geschäftsfelder sind? Wenn diejenigen, die die Menschen entweder in verschleierte oder in sexy Barbiepuppen verwandeln wollen, die Guten sind? Diejenigen, die gegen die Freiheit des Menschen kämpfen – im Westen wie im Iran. Denn was macht es für einen Unterschied, ob du durch *MTV*, durch Talkshows und Comedy-Serien verblödest oder durch *Farsi One* und *PMC*?[30] Was macht es für einen Unterschied, ob man im Karneval der Mini-

30 Es handelt sich um persischsprachige Unterhaltungssender.

rock-Mädchen seinen Bauch mit McDonald's, Coca-Cola und lauter Dreck vollstopft oder während des Aschura-Festes mit dem Fleisch geschächteter Schafe?[31] Ob man sein Geld in die Spielautomaten von Las Vegas steckt oder in den Schrein des Imams?

Es ist ein schauerliches Spiel, bei dem man nicht bloßer Zuschauer sein kann. Man muss entweder mitspielen oder ihnen das Spiel verderben. Es tut mir leid, ich fühle mich nicht zum Mitspielen geschaffen. Und wenn ich die Herren Historiker höre, muss ich einfach kotzen und möchte schreien: Heh, Leute, ich schwöre bei der Geschichte, die vergangen ist, dass nicht nur die unwissende Masse schuld ist an unserem Unglück, sondern vor allem die korrumpierte Minderheit.

Wie weit soll ich gehen, Anna? Weiter als nach Deutschland, Italien, Frankreich, Spanien? Bis nach Kanada, Amerika? Ich weiß es nicht. Bestimmt werden die Archäologen uns irgendwann als Lebewesen mit dickem Fell wiederentdecken.

Köln, 2010

31 Meist bezeichnet Aschura den letzten Tag der jährlich zehn Tage dauernden schiitischen Trauer- und Bußrituale zu Ehren des Martyriums des dritten Imams Hossein, eines Sohnes Alis und Fatimas, der Tochter des Propheten Mohammed. In der jüngeren Geschichte Irans wurden die Aschura-Feierlichkeiten mehrfach für politische Protestveranstaltungen benutzt. Im Rückgriff auf die historischen Ereignisse der Schlacht von Kerbela wird dabei die herrschende Regierung mit dem Kalifen Yazid verglichen, während dem iranischen Volk die Rolle der Gefolgsleute Hosseins zufällt, die gegen die herrschende Unterdrückung ankämpfen.

# Antwort auf eine E-Mail über die Liebe

Salam, liebe P., ich weiß auch nicht, warum du in diesen Tagen, in denen das Blut fließt und Tausende in Gefängnisse gesteckt werden, über die Liebe schreibst. Aber glaube nicht, dass ich an etwas, das Liebe heißt, nicht glaube oder dass ich sie nicht verstehe. Man sagt, es gibt genauso viele Liebende in der Welt wie es Menschen gibt. Ich sage es etwas komplizierter: Die Liebe kann sich für jeden Menschen jederzeit wiederholen.

Der Unterschied zwischen dir und mir liegt darin, dass du einfach von deinen Gefühlen erzählen kannst. Ich muss inzwischen alles in Metaphern und Mehrdeutigkeiten kleiden. Leute wie du haben ein Ungeheuer aus mir gemacht, das zu Hause sitzt, die Nachrichten verfolgt und am Ende des Tages etwas Wirres gegen diese oder jene politische Persönlichkeit schreibt.

Aber wer weiß schon, was wirklich in meinem Kopf vor sich geht. Roger Waters hat mal gesagt, wenn er keine Gitarre in die Hand bekommen hätte, hätte er eine Waffe in die Hand genommen. Ich verstehe ihn mit jeder Faser meines Körpers. Ich glaube zwar daran, dass die Welt schön sein kann oder zumindest schön sein könnte. Man kann sogar im Dreck schöne Dinge entdecken. Aber ich habe ein Problem mit mir und der Welt, das ist die hässliche und nackte Wahrheit, die ich nicht vor mir selbst verbergen kann. Daher kann ich mich nicht wie die Idioten jeden Tag hinsetzen und über die Liebe schwätzen, ich rede nur dann von ihr, wenn ich zuvor geweint habe. Denn nur Lars von Trier kann drei Menschen beim Zusammenstoß der Erde mit dem Planeten Melancholia zusammenführen und sie mit Liebesbekenntnissen vernichten.

Ich erwarte jeden Moment den Zusammenstoß der Melancholia mit der Erde meines Lebens. Ich bin ein erschöpfter Wolf, der glaubt, dass sein Schicksal die Kugel des Jägers ist. Ist das eine Krankheit? Ja, das ist eine Krankheit und ich lebe mit ihr. Du schreibst, die Liebe sei nicht leer. Das ist ein schöner Satz, aber das Problem ist, dass die Leere auch schön ist. Deine Beziehung zu diesem Mann ist schön. Dass sie zu nichts führte, ist schöner. An diesem Gedanken zeigt sich meine Krankheit.

Daher kann ich nur sagen: Ich verstehe dich, aber ich verstehe mich besser. Wie der Pianist, der auf einem Schiff im Ozean geboren wurde und das Schiff niemals verlassen hat. Die Welt ist für ihn nichts anderes als Dreck und Schrecken. Auch ich kann oder will nicht aus mir herauskommen. Das Herumirren in mir selbst finde ich angenehm. Bis langsam oder auch plötzlich das Haus über meinem Kopf zusammenstürzt.

Die Liebe oder das, wovon du redest, war das Einzige, was mich aus mir selbst herausholte. Sie war ein wegweisender Prophet. Sie brachte mich dazu, mich selbst und die Welt um mich herum zu vergessen. Ich bin mit ihr verschmolzen, so liebevoll wie möglich.

Aber Männer und Frauen sind verschieden. Daher erwarte nicht, dass ich die Welt durch dasselbe Fenster sehe wie du. Und über das Verhalten der Menschen, das du beschreibst, gibt es auch nicht viel zu sagen. Versuch einfach, keine Erwartung zu haben. So wird man durch

Freude nicht froh und durch die Trauer nicht traurig. Es ist komisch, aber wir müssen uns abhärten. Nur die größten Giraffen pflanzen sich fort.

Dein Shahin Najafi ist todmüde und rackert sich ab, bis zum Ende ...

Köln, 2011

## Anna II

In was für einer kleinen, unschuldigen Welt wir damals lebten, Anna! Die Welt war für uns so groß wie unsere Umarmung. Wir dachten, kein Mensch könnte uns filtern oder hacken. Wir dachten, niemand könnte unser Jungfernhäutchen, die Leinwand unseres Lebens, zerreißen. Wir waren verspielte Kinder, die fest an ihr Spiel glaubten. So fest wie Truman, die Figur aus dem Film »Die Truman-Show« ... Bis wir unsere Unschuld verloren, als wir begriffen, dass die Welt nicht unschuldig ist.

Ich will aber nicht zurückkehren. Willst du? Ich will nicht immer wieder über die Wiesen der Vergangenheit laufen, nur manchmal auf ihnen grasen, um den Geschmack der Gegenwart besser zu spüren. Nichts weiter.

Als ich damals, als wir zusammen waren, gelacht habe, hast du geglaubt, ich sei fröhlich. Ich war es aber nicht. Ich war unglücklich. Die albernsten Gedichte habe ich geschrieben, meine Augen geschlossen und den Atem angehalten, um eine andere, bessere Art des Lebens zu spüren, aber es war sinnlos. Weder die verwässerte Poesie noch das Gebrüll derjenigen, die sich einbilden, aus dem Keller eines Mietshauses heraus die Welt verändern zu können, haben mir geholfen. Ich war einsam. Nur Toghai, mein Hund, war da, ich starrte ihm in seine ehrlichen Augen und fragte: »Toghai, warum bist du immer so traurig? Es ist doch alles in Ordnung mit deinem Futter und deiner Hundehütte. Und du hast ein Herrchen, das dich gut versteht, weil es deiner Welt näher steht als der Welt der Menschen.« Toghai wedelte sacht mit dem Schwanz und antwortete mit einem Blick, als habe er es mit dem letzten Deppen zu tun: »Du und sie, all ihr Menschen seid keine Wesen der Natur. Ihr seid weit über das, was die Evolution für euch vorgesehen hatte, hinausgegangen.«

Warum freut man sich über den Tod eines Feindes? Wenn der Mensch hasst, wird er noch kränker, als er eh schon ist. Warum impfen wir uns eigenhändig die Viren des Hasses ein? Weil er uns wie eine Mauer schützt. Weil der Sinn unseres Daseins im Hass eine Bedeutung findet. Weil wir ein bequemes, parasitäres Leben führen können, wenn wir die kleinen Hassgefühle in uns wachsen lassen. Verschmolzen mit Hass und der Liebe zum Hass.

Auch du kennst den Hass, Anna. Manchmal um zu vergessen und manchmal um dich zu erinnern. Und als wir zusammen waren, hasste ich mich selbst. Warum? Weil ich mich bei dir schwach fühlte, weil ich mich mit Gedichten bei dir eingeschmeichelt habe: »Mein Gott hat mir seine eigenen kleinen Brüste geschenkt / Mein Gott hat mir seine rosige Vagina geschenkt / mit einer Öffnung im hintersten Winkel ihres schmalen und sensiblen Teils.«

Immer wieder sagten sie zu mir: »Setz dich wie ein Mann!« Wie ein Mann? Was soll das sein, ein Mann? Ich wusste es nicht. Wenn ich abends zu spät nach Hause gekommen bin, habe ich mir oft gewünscht, dass irgendein Ding mit Namen Vater mir die Ohren lang gezogen hätte und gefragt hätte: »Wo kommst du jetzt noch her, so spät?« Ich habe ihn oft vermisst. Aber das war in Ordnung. Durch meine Rufe nach dem Vater habe ich nämlich verstanden, dass Gott nichts anderes ist als die wichtigste Erfindung des Menschen. Die Schöpfung des Nichts aus dem Nichts. Auch mein Vater war für mich ein Nichts.

Als Kind habe ich mir immer etwas gewünscht, wenn ich die Kerzen auf der Geburtstagstorte auspustete. Auch, dass mein Vater da wäre. Als ich zwanzig Jahre alt wurde, hatte die Geburtstagstorte dann keine Kerzen mehr. Es waren nicht genug da. Das machte mich traurig. Ohne Vater aufgewachsen zu sein, war nicht mehr wichtig, aber die zwanzig kleinen Kerzen waren wichtig. Weil sie es waren, die fehlten.

Inzwischen kann ich noch so viele Kerzen zu Hause haben, ich zünde sie nicht an, wenn ich Geburtstag habe. Weil meine Wünsche so groß und unerreichbar geworden sind, dass ich in tiefe Trauer fallen würde. Was verloren gegangen ist, was man aus der Hand gegeben hat, ist sowieso niemals richtig vorhanden gewesen. Denn wenn die Menschen einmal die Freiheit errungen haben, ist es unmöglich, sie ihnen wieder wegzunehmen.

Bist du eingeschlafen, Anna? Warum schläfst du jedes Mal ein, wenn ich von der Freiheit rede? Ach, was soll's.

Köln, 2011

## Bei uns
Tarafe Ma

Seit ich die Augen erstmals aufschlug, hab ich die Nase voll vom Leben
Ohne es zu wissen, bin ich schon gealtert gewesen
Du schlägst dich nach links, bist abgekommen vom rechten Weg
Ungläubig bist du, haben sie mir gesagt
Aber wann habt ihr mal meine Fragen beantwortet?
Seit wir unsere Augen erstmals aufschlugen, war Krieg
Statt der Feder in der Hand hatte Papa Waffen auf dem Buckel
Immer hinkten wir dem Leben hinterher
Als Antwort auf unsere Kritik warfen sie Steine nach uns
Lass mich einmal meine Geschichte erzählen
Du und ich, wir beide kennen den Schmerz und seine Wurzel
Lass mich doch einmal denken, dass ich ein Mensch bin
Mir vorstellen, dass ich in einer gesunden Gesellschaft lebe
Lass mich vergessen, dass sie mir zwanzig Jahre in die Fresse schlugen
Lass mich denken, ich sei kein wertloser Müll
Lass mich einen Moment die Augen verschließen vor meiner Schwester

Vor dem nächtlichen Schluchzen meiner Mutter
Lass mich die Augen schließen und sagen, ich bin glücklich
Perspektivlos bin ich nicht, ich vertraue auf morgen
Wenn du in Saus und Braus lebst, wirst du über mich lachen
Das Leben ist für uns anders, ein ganz und gar verdammtes
Versunken in den Schlaf sind unsere Momente
Rote Tränen aus blutunterlaufenen Augen
Unser Leben ist kein Leben, sondern ein Sterben
Es ist wie morgens aufzuleben und abends wieder zu sterben
Es ist der Gerichtsvollzieher mit den ungedeckten Schecks in der Hand
Wie unser Zappeln in Armut und Unglück
Wie dein Rock, den du über den Kopf ziehst
So bloßgestellt, dass du in deiner Gasse am liebsten vor Scham sterben willst
Du musst dich verkaufen, egal wie, weil du das Geld brauchst
Wenn du in die Fresse kriegst, gibst du keinen Mucks von dir
Das Leben, das sind die Raten, und am Monatsende die Miete
Nationale islamische Solidarität unter dem Dach einer Ruine
Zu wem auch immer ich etwas sagte, niemand gab mir eine Antwort
Bei uns war immer Nacht, unheimliche Nacht
Bei uns war immer Nacht, unheimliche Nacht

Bei uns steht selbst das Sterben unter Strafe
Bei uns sind alle zu Fuß, nur ganz wenige zu Pferde
Bei uns findet sich eine Ansammlung des Unglück-
lichseins
Bei uns ist alles sinnlos für uns

Bei uns ist die Hausfrau eine Hure
Die für das Abendbrot das Geld nach Haus holt
Bei uns lungert der Anstand am Straßenrand herum
Es ist so schwer, sich nicht zu schämen
Wenn der Sinn des Lebens andauernd infrage ge-
stellt ist, ist es schier unmöglich, wie ein Mensch
zu leben
Von früh bis spät trägst du die Last des Lebens auf
deinen Schultern
Im Ohr nur die Rufe des Schreckens und die Unter-
drückung
Bei uns lehrt der Mörder an der Uni
Es ist seltsam, bei uns sitzen die Studenten im
Gefängnis
Bei uns ist die Nationalität ein zerbrochener Fels
Die Identität eine Tür, geschlossen seit 1400 Jahren
In unserem Viertel sind die Menschen nur die Hälfte
wert
Hier wird der Mensch nicht mal wie ein Hund geehrt
Eins in die Fresse zu kriegen, sind sie schon lange ge-
wohnt
Der eine Gott, der lacht, ist der Zeuge unseres
Elends
Wenn es dir schlecht geht bei uns, sagen dir alle, Selbst-
mord wäre die Lösung
Bei uns hier zu leben ist noch schwerer, als zu sterben

Bei uns steht selbst das Sterben unter Strafe
Bei uns sind alle zu Fuß, nur ganz wenige zu Pferde
Bei uns findet sich eine Ansammlung des Unglück-
lichseins
Bei uns ist alles sinnlos für uns

*Album »Illusion«, 2009*

*Erläuterung*

*In »Bei uns« ist Shahin Najafi der Stenograf der gesellschaftlichen Depression Irans. Er fängt die klaustrophobische Grundstimmung im Lande ein, in dem er quasi all ihre Alltagsdimensionen anreißt: die ökonomische Misere des Landes, die Unterdrückung der Studenten, Armutsprostitution, den fehlenden Wert des Individuums, die Kriegsverluste von Familien, die Krise der nationalen Identität und vieles mehr.*

*Gerade die ökonomische Situation Irans hat sich in den letzten Jahren dramatisch verschlechtert. Dabei hat Iran alle Potenziale für eine prosperierende Wirtschaft: den Reichtum an Bodenschätzen, die hochgebildete, breite Mittelschicht, die vielen jungen Arbeitskräfte. Die Türkei macht vor, wie es dem Iran gehen könnte. Die Grundbedingungen sind im Iran sogar besser als in der Türkei. Nur geht es wegen der weitverbreiteten Korruption und Misswirtschaft nicht.*

## Und nun jener Mensch
Inak an Esan

Von A bis B oder zurück? Wen juckt es, Alter?
Mir bleibt das Gefühl, dass nichts geblieben ist
Von mir, der ich gebrochen bin in der Schwere des Exils
Stilles Weinen in der Nacht
Von der entstandenen Distanz, der Lustlosigkeit
Von der Leiche, die in den Lüften schwebt
Von dem Menschen, der reglos auf meinem Bette liegt
Und mit lethargischen Augen vor sich hin starrt
Nenn mir nur einen Grund, um weiterzuleben
Rede aber nicht mit mir wie mit den anderen
Ich war nie ein Mensch und werde auch keiner mehr
 werden
Such dir einen andren Adam, Eva
Maria, dein Herz war niemals rein
Also verlang nicht von mir, wie Jesus zu sein
Ich wurde gekreuzigt wegen der Sünde an sich
Von welcher Erlösung, welchem Gott redet ihr
 denn da?
Es gibt keine Ruhe, diese Verwandlung bekommt mir
 schlecht
Ich bin nur benommen
Es fühlt sich nicht an wie das Nirwana
In dem verworrenen Kreisel dieses Spiels
Wird niemand gewinnen, nicht einmal Buddha
Habe Angst vor mir, vor diesem absoluten Nichts

Ich habe mich verloren in Büchern Kafkas
Rechne nicht mit mir, denn ich bin ein Nichts
Nur ein Missverständnis, ein Fehler

Da bin ich nun, mit der Last des Daseins und der Qual
Ohne Fassung, Peilung, ohne Antworten
Hör du auch auf mit dieser Liebe ohne Wert
Nichts ist mehr wichtig, lege dich hin und schlaf

Sag diesem Schatten, der an meiner Stelle schreibt
Er soll meinen Namen aus der Geschichte streichen
Ich und mein Schatten, Kippe um Kippe
Gedichte sind nichts als ein trockener Husten des Kugel-
schreibers
Ich bin versucht, über den ewigen Schlaf zu schreiben
Ich und mein umgekehrter Schatten an der Wand
Diese Nacht lässt mich nicht in Ruhe
Wenn ich von ihr nicht erzähle, bin ich ein elender
Hund
Ich bin Erzähler, der Rest ist der Reim der Liebe
Es reicht mit diesem Leben, es ist nur ein Märchen
Ich bin der letzte Pfeil in Arashs Köcher
Schieß mich los, schau, wie weit ich komme
Ich ziele auf den Mond
Denke nicht an Höhen und Tiefen des Weges
Ich gehe nun und Gehen ist meine Tradition
Du aber bleibst zurück, mit neidvollem Blick
Die Pfütze des Lebens ist vergammelt
Zweifle nicht, es gibt nur einen Weg, und der heißt
Gehen
Vergleiche mich nicht mit den Zwergen um dich
Sei nicht beleidigt von der Direktheit meiner Worte

Sie sind tot oder schon lebendig begraben
Diese Blinden, die den Stock des Blinden stehlen

Mir reicht's, sie werden mich niemals verstehen
Egal, wie oft ich Auge in Auge vor dieser Bande stand
Ich starrte und nähte meine Lippen zusammen, ich
verbrannte mich

Ohne Fassung, Peilung, ohne Antworten
Hör du auch auf mit dieser Liebe ohne Wert
Nichts ist mehr wichtig, lege dich hin und schlaf

*Album »Illusion«, 2009*

*Erläuterung*

*Das iranische Volk ist jung – und depressiv. Iran hat die höchste Selbstmordrate der Welt unter jungen Menschen. Die Auswanderungsrate der Akademiker ist ebenfalls die weltweit höchste. In Teheran ist ein Schuss Heroin billiger als ein Liter Milch. Im November 2010 veröffentlichte Wikileaks Tausende geheimer Depeschen amerikanischer Diplomaten. Darin fand sich unter anderem eine Analyse, die beschrieb, wie die iranischen Revolutionswächter selbst mit Drogen aus Afghanistan handelten und diese nach Europa schmuggelten.*

*Zwei Ziele werden damit verfolgt: Erstens wird Geld damit gemacht für den weiteren Betrieb der Repressionsmaschinerie im Iran. Zweitens bleibt genug Heroin im Iran selbst, damit die Preise niedrig bleiben – und die Jugend süchtig. Heroinabhängige machen keine Revolutionen. Die volle Perversion dieser Strategie wird erst dann deutlich, wenn man bedenkt, dass die iranische Armee seit Jahren einen blutigen Krieg gegen die Drogenmafia im Land führt, ein Krieg, der Hunderte von Soldaten das Leben gekostet hat.*

*So bleibt vielen nur die innere Emigration oder das Exil. Und die Zuflucht zu Drogen oder in eine Fantasiewelt der Mythologie und Mystik. Seit Jahren haben Sufi-Bewegungen Zulauf im Iran, trotz wachsender Repression des Staates. Und die traditionellen persischen Heldensagen haben Hochkonjunktur.*

*In »Und nun jener Mensch« spricht Shahin Najafi von Arash, einer legendären Figur der persischen Mythologie. Arash war der versierteste Bogenschütze im alten Persien. Nach einem Krieg vereinbarten beide Seiten, dass der Schuss eines Bogenschützen die Grenzen zwischen Persien und dem Nachbarn in Zentralasien bestimmen sollte: Wo der Pfeil landet, da sollte die Grenze sein. In seiner Verzweiflung legte Arash sein Leben in seinen letzten Pfeil und starb. Der Pfeil – Arashs Seele – aber flog etwa 2500 Kilometer und brachte den Persern für Jahrhunderte Frieden. Kein Wunder, dass Najafi »der letzte Pfeil in Arashs Köcher« sein will.*

# Mutter

Ich saß an meinem Laptop, als Shahryar kam, sich mir gegenübersetzte und den Laptop zuklappte. Ich lächelte ihn an. Dann sah ich es, er schien meinem Blick auszuweichen. Ich weiß nicht mehr, was genau er zu mir sagte. Es war, als ob ich eine große Welle über meinem Kopf spüren würde. Die Zeit zog sich in die Länge. Dann schrie ich es selbst laut heraus: »Meine Mutter ist gestorben!«

Als ich ein Kind war, bin ich manchmal aus dem Schlaf hochgeschreckt und habe meinen Kopf auf die Brust meiner Mutter gelegt, um ihren Herzschlag zu hören. Der Albtraum, dass sie nicht mehr da sein könnte, war dermaßen erschreckend, dass er mich aus dem Tiefschlaf riss. Nun als Mann bin ich davongelaufen. Vor mir. Vor dieser Nachricht. Ich habe nicht geweint. Nein, es war ein Flehen. Ich habe die große Welle, die mich unter sich begraben wollte, angefleht, mich zu verschonen.

Inzwischen habe ich verstanden, dass meine Mutter gestorben ist. Dass ich sie nie mehr wiedersehen werde, dass ich keinen Grund mehr haben werde, im Iran anzurufen.

Sie fehlt mir so sehr. Seitdem ich den Iran verlassen habe, habe ich sie nicht mehr gesehen, wollte mich dieses Jahr in der Türkei endlich mit ihr treffen. Wie ein Krebsgeschwür sitzt mir ein Kloß im Hals. Der Tod ist das Erbarmungsloseste auf dieser Welt. So erbarmungslos.

Gut, Shahin, das Einzige, was dich sorgen und dir deinen Schlaf rauben könnte, ist also nicht mehr am Leben.

Nun kannst du auf und davon rennen. Schaue nicht zurück. Von jetzt an nimmt deine Geschichte eine neue Wendung. Wahrscheinlich wirst du irgendwann Kinder bekommen. Der Teil deines Lebens, der mit der Sorge um diejenige verknüpft war, die dich geboren hat, ist vorüber. Deine Sorge wird sich demnächst um Menschen drehen, die du zeugen wirst. Die Jahre werden vergehen und dein Herz wird für andere Menschen schlagen, du wirst für andere Menschen Tränen vergießen.

So ist das Leben. Erbarmungslos und schwer. Und du wirst wie all die anderen Idioten um dich herum deine Zeit mit wichtig erscheinenden, aber sinnlosen Dingen verschwenden und weitermachen. Arbeite! Spare! Reise! Kauf ein neues Auto! Konkurriere mit den anderen! Lästere über die anderen! Sei dir dessen bewusst, dass die anderen gegen dich intrigieren! Lache ihnen ins Gesicht!

Mit deiner Frau wirst du über Dinge reden, die sie langweilen werden. Nach einer Weile wird das Begehren verloren gehen und jeder von euch wird heimlich mit anderen herummachen. Manchmal werdet ihr euch noch küssen und von Liebe reden. Wahrscheinlich werdet ihr euch scheiden lassen, in aller Freundschaft oder im Streit. Was macht das für einen Unterschied?

Du wirst wieder allein sein, allein schlafen, allein essen und allein sterben. Das Leben ist nichts anderes als ein ständiges Rennen von hier nach da, kurzlebige Freude, tiefe Traurigkeit und der sichere Tod ...

Köln, Januar 2013

## Aufrecht sterben
Istateh Mordan

Du hältst einen abgehackten Kopf in deinen Händen
Mein Blick richtet sich auf die zersplitterte Uhr
Und die traurigen, rebellischen Verse
Und der müde Wolf, der keine Angst mehr hat vor dem Gewehr
Meine Zweifel am Sein an sich
Die Melancholie der Einsamkeit, wenn man besoffen ist
Um dich trauern, die Sehnsucht nach deinem Geruch
In der Tiefe des Unglücks, dich nicht mehr zu sehen
Eine Ader, deren Los es ist, verstopft zu sein
Und dein Verbrechen ist ein Schrei in den Wind
Das Ende der Geschichte ist stets bitter
Ein Dichter, verurteilt wegen Abfall vom Glauben
Der gute und schlafende Gott in meinem Buch
Die getrocknete Wichse in meinem Bett
Der gute Gott des Zorns, des Mordes und der Fatwa
Und meine Tränen beim Lesen der Gedichte von Yaghma
Fordere mich auf, ein Kaktus zu bleiben
Bleib bei mir, lass uns zusammen singen
Mit dir ist mein Schwur auf die Wüste
Aufrecht zu sterben ist unser Geheimnis
Aufrecht zu sterben ist unser Geheimnis

Sag, dass unsere Geschichte die des Blutes war
Eine Rebellion, die aus dem Wahnsinn kam

Sag, dass wir nicht aufgaben
Sag, dass wir starben und dabei aufrecht standen
Sag, dass wir starben und dabei aufrecht standen

Der gute und schlafende Gott in meinem Buch
Die getrocknete Wichse in meinem Bett
Der gute Gott des Zorns, des Mordes und der Fatwa
Und meine Tränen beim Lesen der Gedichte von Yaghma
Fordere mich auf, ein Kaktus zu bleiben
Bleib bei mir, lass uns zusammen singen
Mit dir ist mein Schwur auf die Wüste
Aufrecht zu sterben ist unser Geheimnis
Aufrecht zu sterben ist unser Geheimnis

*Single, Juni 2012*

*Erläuterung*

*Die Geschichte des Irans und der Schiiten ist eine des aufrechten Scheiterns. Nicht die Sieger werden im kollektiven Gedächtnis verewigt, sondern diejenigen, die mit Haltung untergehen. Eine der wichtigsten Parolen der Demonstrationen während der islamischen Revolution wie auch nach der gefälschten Wahl im Jahr 2009 lautete: »Iraner sterben eher, als dass sie Unterdrückung hinnehmen.«*

*Diese Haltung besingt Shahin Najafi. Und er meint das wörtlich. Denn diesen Text hat Najafi als unmittelbare Reaktion auf die Todesdrohungen nach der Veröffentlichung des Songs »Naghi« geschrieben. Er verbeugt sich nicht, er lässt sich nicht zum Schweigen verdammen. Er spricht, schreit, singt, schreibt, und sei es, dass ihm das das Leben kostet.*

*Und da er mit dieser Haltung nicht allein ist, besingt er einen imaginären Freund. Beide sind bereit, aufrecht unterzugehen, bevor sie in Unfreiheit leben. Dies ist es, was sie zusammenschweißt wie ein Geheimnis. Mit vielen anderen ihrer Generation wie mit dem iranischen Dichter und Songwriter Yaghma Golrouee, dem Najafi in diesem Song eine große Referenz erweist.*

## Ich bin Schmerz
Man ye Dardam

Ich bin Iraner, Afghane, Türke, Amerikaner
Ich bin Russe, Araber, Chinese, Afrikaner
Ich bin Jude, Zoroastrier, Christ, Bahai
Hindu, Moslem, Atheist, und auch Buddhist
Ich bin Iraner, Treuherzigkeit und Freude sind meine Tradition
Ich bin Afghane, meine Geschichte ist voller Repression
Ich bin Kurde, der Freund der Berge und der Waffen
Ich bin Palästinenser, im Krieg seit vierzig, fünfzig Jahren
Ich bin Afrikaner, schwarz wie der tiefste Wald
Bin einer, der behandelt wird wie ein Parasit
Ich bin Deutscher, der von den Neonazis geohrfeigt wurde
Einer Partei, wegen deren Verbrechen ich im Verruf bin
Amerikaner, Hand in Hand mit den Irakern
Weinten wir im Krieg, im Handgemenge um die Toten
Eine schöne Träne aus dem Auge eines Tibeters, der sich nichts mehr wünscht als die Freiheit seines Landes
Ich bin Iraner, habe meine Flagge verloren
Bin verloren zwischen all den Namen und Traditionen
Egal mit welchem Gesicht, Kleid oder Sprache in welchem Land du bist
Im Namen der Liebe, der Freiheit, des Menschen und meiner Ehre

So sind alle Menschen gleich und haben eine Wurzel
Im Namen der Menschlichkeit, das ist die schönste Tradition

Ich bin der Schmerz aller, schreie ihn heraus
Zerstör die Mauer dieses Körpers, brich aus ihm aus
Befreie dich, befreie dich, in der großen weiten Welt
Stimme ein in unseren Schrei, egal mit welcher Hautfarbe oder in welcher Sprache

Für den Tag, an dem alle Gefängnisse zerstört sind
Wenn die Mütter um ihre Kinder keine Tränen mehr vergießen müssen
Die reine Seele keiner Frau mehr mit Füßen getreten wird
Ehrenhafte Männer nicht mehr getreten werden
Und kein Hals mehr in der Schlinge steckt für seine Meinung
Keine Frau sich mehr selbst verbrennt aus Angst vor der Familie
Der Tag, an dem das eigene Leben von niemand anderem mehr kontrolliert wird
Wenn der Maßstab für den Glauben nicht mehr Bart und Gebetskette sind
An dem Tag, an dem die Freiheit auf der Straße für alle gleichermaßen gilt
Ob Frau, ob Mann, ob Alt, ob Jung, Schwester oder Bruder
An dem Tag, an dem es überall Frieden und Freiheit gibt
An dem es Schritt für Schritt Gärten und Bäume, Aufbau gibt

In dem Moment, in dem vielleicht der Mensch seinen
Sinn findet
Alle schönen Parolen werden wahr
Es kommt der Moment, an dem bin ich vielleicht
nicht da
Ich sterbe früher als du denkst, aber du bleibst für
immer da,
Fliege rum mit der Erinnerung an den Shahin, den
Falken
Öffne das Fenster deines Geistes für die Welt
Singe, lache und atme an meiner Stelle
Wenn es geht, mach aus diesen Versen einen Song
Lass den Willen Berge versetzen
Auf dass der Himmel, der Regen sich nach deinen
Tränen richtet
Lass, wenn auch nur ein einziges Mal
Den Mensch zum Menschen werden, das sei deine
Wahl
Wie ein Wandel aus meinen Gedichten kommt

Ich bin der Schmerz aller, schreie ihn heraus
Zerstör die Mauern dieses Körpers, brich aus ihm aus
Befreie dich, befreie dich, in der großen weiten Welt
Stimme ein in unseren Schrei, egal mit welcher Haut-
farbe oder in welcher Sprache

*Album »Illusion«, 2009*

*Erläuterung*

*In der tiefen Finsternis der Texte Shahin Najafis ist dieser hier das reine Licht. Sein »I have a dream«, in dem sich die Menschen befreien, die Schranken der Hautfarbe, der Nationalität oder der Religion überwinden, um nur Mensch zu sein. Wenn der Schmerz am größten ist, wenn der Schrei am lautesten – da erst wird für Najafi der Mensch zum Menschen, kann einer sein, der seine Entscheidungen selbst trifft. Der seinen Geist öffnet und lacht, weil er frei ist.*

*Doch der Schmerz lässt nach, wenn man diese hoffnungsvollen Zeilen liest.*

## Wortlaut des Solidaritätsaufrufs und Liste der Erstunterzeichner:

15. Juni 2012
**Solidarität mit Shahin Najafi**

Der iranische Musiker Shahin Najafi, der seit 2005 im Exil in Deutschland lebt, wird mit dem Tode bedroht, weil er in einem Lied den im Jahr 869 verstorbenen zehnten Imam anruft, auf die Erde zurückzukehren. Sein Text übt mit Satire Kritik an dem diktatorischen Regime. Iranische Großayatollahs erklärten ihn zum Ketzer, der den Tod verdiene. Auf Shahin Najafi wurde ein Kopfgeld von 100 000 Dollar ausgesetzt. Wir haben Respekt vor dem Mut von Shahin Najafi, sich nicht einschüchtern zu lassen und sich weiterhin künstlerisch einzumischen. Denn Kunst muss frei sein. Kunst muss sich entfalten können und provozieren dürfen. Die Freiheit der Kunst ist ein universelles Menschenrecht. Todesdrohungen gegen Künstler und Andersdenkende sind der Tod dieser Freiheit.

Wir solidarisieren uns mit Shahin Najafi und fordern Öffentlichkeit und Politiker dazu auf, unseren Kollegen in jeder Form zu unterstützen und sich für seine Sicherheit einzusetzen.

Frank-Markus Barwasser · Sibylle Berg · Wolf Biermann · Horst Bosetzky · Volker Braun · Fred Breinersdorfer · Campino · Frank Castorf · Pepe Danquart · Friedrich Christian

Delius · Doris Dörrie · Andreas Dresen · Egotronic · Valie Export · Harun Farocki · Jürgen Flimm · Hans W. Geißendörfer · Jochen Gerz · Daniel Graf· Günter Grass · Hans Haacke · Nele Hertling · Klaus Hoffmann · Elfriede Jelinek · Necla Kelek · Navid Kermani · Barbara Klemm · Kirsten Klöckner · Tom Koenigs · Wolfgang Kohlhaase · Uwe Kolbe · Sebastian Krumbiegel · Helmut Lachenmann · Jaki Liebezeit · Jan Josef Liefers · Udo Lindenberg · Frank Lüdecke · Terézia Mora · Björn Peng · Moritz Rinke · Robert Schindel · Volker Schlöndorff · Gerhard Schmidt · Ingo Schulze · Bertold Seliger · Smudo · Mathias Spahlinger · Tilman Spengler · Klaus Staeck · Gerhard Steidl · Johano Strasser · Uwe Timm · Frederik »Torch« Hahn · Rosemarie Trockel · Manos Tsangaris · Andres Veiel · Hannes Wader · Nike Wagner · Günter Wallraff · Konstantin Wecker · Marius Müller-Westernhagen

http://www.adk.de/de/projekte/2012/Appell_15.06.12/